PwCあらた有限責任監査法人［編］

ブロックチェーンを
ビジネスで
活用する

新規事業の創出とガバナンス・関連制度

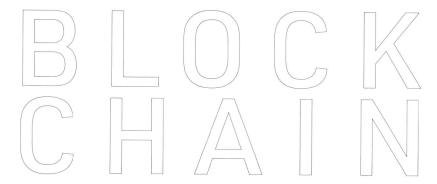

中央経済社

はじめに

●DX（デジタルトランスフォーメーション）

　「DX」という単語が社会を賑わせて久しい。DXとはDigital Transformation（デジタルトランスフォーメーション）の略であり，スウェーデン王国ウメオ大学のエリック・ストルターマン教授が2004年に提唱した概念であるといわれ，「ICT（Information and Communication Technology（情報通信技術））の浸透が人々の生活をあらゆる面でよりよい方向に変化」させるもの，と考えられている。

　現在の社会は，ICTの進展により，より多くのモノとモノがつながり，それらが相互的に影響し合うこれまでにない世界を実現しようとしている。これらのイノベーションによる変化は，単に既存の仕組みをデジタルに置き換えている「デジタイゼーション」ではなく，享受する側の体験自体も変化させる「デジタライゼーション」へと進化しており，社会に大きな変化をもたらそうとしている。デジタライゼーションによってもたらされるデジタル化した社会構造への変化はSociety 5.0ともいわれており，内閣府公表の「第5期科学技術基本計画」において「サイバー空間（仮想空間）とフィジカル空間（現実空間）を高度に融合させたシステムにより，経済発展と社会的課題の解決を両立する，人間中心の社会（Society）」と定義されているように，われわれの社会生活において大きな変化をもたらしていくと考えられている。

●ブロックチェーンによるトランスフォーメーション

　デジタライゼーションをもたらす1つの手段として，Satoshi Nakamoto氏により提唱された論文 "Bitcoin: A Peer-to-Peer Electronic Cash

System, Bitcoin P2P e-cash paper" を発端とする「ブロックチェーン」という概念が存在する。ブロックチェーンを技術的な側面から見ると，後述第3章でも紹介するように，高可用性と改竄耐性という特徴を具備しており，技術的な仕組みそのものとして高い水準のセキュリティを有している（**図表0-1**）。

図表0-1 ブロックチェーンの技術的な強み

高可用性	改竄耐性	ビザンチン障害耐性	追跡可能性
分散管理しているデータをノード間で常に共有しているため，1つのノードがダウンしても全体的なシステムダウンにはつながらない。	ブロックチェーン技術の仕組み自体（コンセンサスアルゴリズム，P2P，暗号技術）がデータの改竄を困難にさせる。	ノード間でデータの検証を自律的に行う仕組み自体（コンセンサスアルゴリズム）によって，一部のノードが不正に利用されても，システム全体としては正常に動作する。	いつでも誰でも確認が可能な共通基盤上で，参加者全員が同一の情報を見ることができるため，第三者からも情報を確認することができる。

　ブロックチェーンが破壊的なイノベーションたる理由は，システム特性としての高水準セキュリティ構造のためだけではない。むしろ社会への影響度の大きさからみれば，ブロックチェーンによって信頼とガバナンスのもう1つのあり方が生まれてきたという点が大きい。

　われわれの生活は実に多くの取引（価値の交換）によって成り立っており，企業間取引，企業対個人の取引，個人対個人の取引においても，基本的には相手方を信頼するか，相手方と自分が信頼されるプラットフォーム上で取引を行うかに分類することができる。すべての取引は，いずれに分類されるにしても，何らかのガバナンスに対する信頼の上に成立している。一方，ブロックチェーンを基盤とするシステム上で行わ

れる取引においては，互いの信頼性を確認できない主体同士が対峙したとしても，仲介業者などの第三者による信頼性の保証に依拠することなく取引が可能となるのである。これは，ブロックチェーンが備えている重要な特性の1つであり，個々の参加主体が自身のインセンティブに従って行動し，結果として分散化されたネットワーク全体として機能することによって実現される。そして，特定の取引を仲介する第三者を信用するのではなく，分散化されたネットワーク全体に対する信頼性に基づいて取引を行うことができる。

　ただし，ブロックチェーンを利用すれば取引の信頼性がすべて自動的に担保されるわけではない点に注意が必要である。例えば，特定の企業が提供するブロックチェーンプラットフォームで取引を行う場合，技術特性により取引の当事者が不正に取引情報を修正することはできないが，プラットフォームの管理者であれば，データの修正が可能である。したがって，プラットフォームが真に信頼を獲得するためには，ブロックチェーンプラットフォーム事業者がガバナンスを適切に整備・運用し，その状況を開示することが必要になり，必然的に，企業がブロックチェーンに対しての信頼性をどのように得るべきであるのかを検討する必要が生じる。

　このように，ブロックチェーンが破壊的なイノベーションである所以は，信頼とガバナンスの新しいデザインのあり方が示されたことにあるといえる。技術的な信頼性のみがビジネスとしての信頼性をもたらすのではなく，規制による業界活動の拠り所の生成，そして規制に基づいた評価やガバナンスの導入があってこそ，ブロックチェーンによってもたらされるデジタライゼーションは信任が得られるといえる。

　本書では，ブロックチェーンを活用したシステムが普及し，企業活動に対して日本国内の法令や指針の整備がなされる中において，ブロック

チェーンに求められる信頼性のあり方について，各種ビジネスモデルや関連規制，技術的な優位性の観点から考察していく。

　第1章では，具体的な内容として金融取引を中心とした暗号資産からトークンへとブロックチェーンが広がり，暗号資産から金融業界以外のさまざまな分野のビジネスへとブロックチェーンが展開されていく，デジタイゼーションの例を紹介する。そして第2章では，それら広がりつつあるビジネスを取り巻くICO，STO，暗号資産の関連法制度や制度に照らした監査の実務指針について取り上げ，続く第3章では，第1章・第2章にて取り上げた事例・制度を踏まえつつ，ブロックチェーンの技術的な特性と，特性に応じたビジネスの可能性とガバナンス構築の基本的な考え方について考察する。

　各章の記載内容は，その性質上，ブロックチェーンに係るビジネスモデルや技術情報のすべてを網羅しているわけではない。各種法規制についても，国・地域によって関連する法令や指針が異なることから，基本的な考え方は同一であっても，あくまで日本国内を前提にした記述となっている。また，文中の意見に係る部分は本書籍に係る筆者諸氏の私見であり，PwCあらた有限責任監査法人または所属部門の正式見解ではないことをあらかじめお断りする。

2021年3月

著　　者

CONTENTS

第3章	ブロックチェーンビジネスの課題と解決アプローチ

凡　例

略　称	名　称
金商法	金融商品取引法
定義府令	金融商品取引法第二条に規定する定義に関する内閣府令
金商業府令	金融商品取引業等に関する内閣府令
資金決済法	資金決済に関する法律
資金決済令	資金決済に関する法律施行令
暗号資産府令	暗号資産交換業者に関する内閣府令
暗号資産事務ガイドライン	事務ガイドライン　第三分冊：金融会社関係　16　暗号資産交換業者関係
実務対応報告38号	実務対応報告第38号「資金決済法における仮想通貨の会計処理等に関する当面の取扱い」
経理処理例示	暗号資産取引業における経理処理例示
実務指針54号	業種別委員会実務指針第54号「金融商品取引業者における顧客資産の分別管理の法令遵守に関する保証業務に関する実務指針」
実務指針61号	業種別委員会実務指針第61号「暗号資産交換業者の財務諸表監査に関する実務指針」
専門業務実務指針4461	専門業務実務指針4461「暗号資産交換業者における利用者財産及び履行保証暗号資産の分別管理に係る合意された手続業務に関する実務指針」
ASBJ	企業会計基準委員会
JVCEA	一般社団法人日本暗号資産取引業協会
日本STO協会	一般社団法人日本STO協会
研究会	仮想通貨交換業等に関する研究会

用語定義

用　語	定　義	略称
暗号資産	本書においては，暗号資産は資金決済法第2条第5項で規定されている暗号資産をいう。詳細は第2章で説明している。	
イニシャル・コイン・オファリング（Initial Coin Offering）	一般に，Initial Coin Offeringとは，企業等が電子的にトークンを発行して，公衆から資金調達を行う行為の総称をいう。トークンセールと呼ばれることもある。	ICO
ホワイトペーパー	ICOを行う際に，発行体である企業等が，ビジネスの内容・資金調達の目的・トークンの技術的な説明などを記載した文書を公表する。一般に，このような文書はホワイトペーパーと呼ばれる。	
トークン	独自のブロックチェーンを持たず，既存の暗号資産のプラットフォームを用いて発行された財産的価値（デジタルアセット）をいう。通貨型トークン，資産担保型トークン，ユーティリティ・トークン，セキュリティ・トークンの4つに大別される。	
通貨型トークン	交換の媒体として機能することが意図されたトークン	
資産担保型トークン	物理的な資産（例えば，金や石油など）の所有権を表章するトークン	
ユーティリティ・トークン	保有者に対して財またはサービスへのアクセスを提供するトークン	

用　語	定　義	略称
セキュリティ・トークン	金融商品である有価証券等を表章するトークン	ST
セキュリティ・トークン・オファリング（Security Token Offering）	電子記録移転権利などのセキュリティ・トークンを発行し，金融商品取引法に基づいて募集や売出しといった資金調達を行うことをいう。	STO
Non-Fungible Token	「代替不可能なトークン」である。代替不可能という意味は，例えば，同じイーサリアムのブロックチェーンのERC721という規格で発行されたトークンであっても，１つひとつのトークンが他のトークンとは別個の特徴や価値を持っており，代替できないということを意味する。	NFT
ステーブル・コイン	その価格が一定となるように設計された通貨をいう。	
中央銀行発行デジタル通貨（Central Bank Digital Currency）	中央銀行が発行主体であるデジタル化された通貨をいう。	CBDC
Decentralized Finance	分散型金融	DeFi
Decentralized Exchange	管理者なしでブロックチェーン上での取引を実施する分散型取引所	DEX
プライベートチェーン	特定の管理者が存在し，参加するためには管理者の許可が必要となるネットワークをいう。	
パブリックチェーン	特定の管理者が存在せず，誰でも自由に参加することができるネットワークをいう。	

用　語	定　義	略称
オフチェーン取引	ブロックチェーン上に情報を書き込むことなく完了する取引をいう。	
オンチェーン取引	ブロックチェーン上に情報を書き込むことで完了する取引をいう。	

## 第1章

ブロックチェーン
ビジネス

第1節 ┃ 支払手段をベースとした ビジネス

　ブロックチェーンは現実社会の中でどのように活用されているのか。第1節では支払手段としての活用事例を紹介するとともに，ブロックチェーンを用いたビジネス（以下「ブロックチェーンビジネス」という）の可能性と課題について考察していく。

(1) 暗号資産

① 暗号資産の概要

　現在，世界で最も取引されている代表的な暗号資産はビットコインである。サトシ・ナカモト（Satoshi Nakamoto）と名乗る人物によって投稿された論文に基づき，2009年に運用が開始された世界初のブロックチェーン技術を用いた暗号資産である。2020年12月31日時点において，日本国内において25の金融庁・財務局へ登録された暗号資産交換業者が存在するが，そのうち24の暗号資産交換業者においてビットコインの取引が行われている。また，2021年1月には1ビットコイン当たり400万円を超える価格で取引されたこともあり，1日の最大取引量も9兆円を超えることがあった。

　ビットコインを先駆けとして数多くの暗号資産が生み出され，さまざまな暗号資産が世界中で取引されている。ビットコイン以外の代表的な暗号資産は，ビットコインキャッシュ，イーサリアム，イーサリアムクラシック，ライトコイン，リップル等が挙げられる。その他にも，ビットコインの問題点を解決するために生み出された暗号資産や新たな機能を追加した暗号資産が生み出され，その数は2,000種類を超えるといわれている。

図表1−1−1　主な暗号資産とその特徴

暗号資産名	主な特徴
ビットコイン（BTC）	最も有名な暗号資産であり，2020年12月31日現在，数多くある暗号資産の中で最も時価総額が高い。
ビットコインキャッシュ（BCH）	ビットコインからハードフォーク（分岐）して誕生した暗号資産である。ビットコインよりも処理能力が高いという特徴を有する。
イーサリアム（ETH）	契約を自動化するプログラム「スマートコントラクト」機能を備えた暗号資産である。2020年12月31日現在，ビットコインに次いで時価総額が高い。
イーサリアムクラシック（ETC）	イーサリアムからハードフォーク（分岐）して誕生した暗号資産である。イーサリアムよりもセキュリティ性能が高いという特徴を有する。
ライトコイン（LTC）	ビットコインよりも取引完了までの速度が速く，手数料が安価である。
リップル（XRP）	海外送金の課題を解決することを目的として開発された暗号資産である。

② 暗号資産の活用事例

(i) 支払手段

　当初，最も期待された暗号資産の活用事例は，支払手段として用いることであった。サトシ・ナカモトが投稿した論文では，第三者機関を通さない直接的なオンライン取引を可能にする技術としてビットコインの仕組みが紹介されている。ブロックチェーン技術を用いることで，極めて低いコストで取引の信頼性を担保することが可能となり，電子取引システムとして機能することが期待されていた。

　一般的にモノやサービスの購入は，その対価として，日本円や米ドルといった法定通貨を支払うことで取引が完了する。銀行預金からの引き落としやクレジットカードにより決済することも可能である。これらと

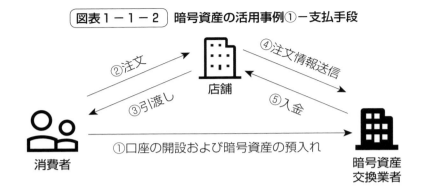

図表1－1－2　暗号資産の活用事例①－支払手段

②注文
④注文情報送信
店舗
③引渡し
⑤入金
①口座の開設および暗号資産の預入れ
消費者
暗号資産
交換業者

同じように，暗号資産を支払に充てることが支払手段としての活用事例である。

　日本国内では，大手家電量販店がビットコインを用いた決済を開始したことを皮切りに，飲食店，美容室，ホテル，オンラインショッピングモール等，暗号資産で決済できる店舗は徐々に広まりつつある。実際には，暗号資産交換業者が取引を仲介することで暗号資産による支払が行われるが，他の電子的な決済手段（クレジットカード，デビットカード，非接触型決済（SuicaやiD，楽天Edyなど））と比べ，安い手数料率で導入できるというメリットがある。また，法定通貨である紙幣や硬貨を用いない支払手段，いわゆるキャッシュレス決済であるため，企業と消費者双方にとって，現金の盗難や紛失といったリスクを低減させ，電子的に取引履歴を記録することが可能になるなど，さまざまなメリットをもたらすことが期待されている。昨今，新型コロナウイルス感染症の感染が広がる中，衛生面からもキャッシュレス決済の需要が高まりつつある。

(ii)　送金手段

　24時間いつでも，極めて低いコストで安全に送金ができることも暗号資産の特徴である。法定通貨を送金する場合，金融機関の営業時間外の

図表1－1－3　暗号資産の活用事例②－送金手段

【金融機関を通じた送金】

【暗号資産による送金】

送金依頼については翌営業日に着金するということも珍しくない。特に海外送金に至っては，送金先へ着金するまで数営業日を要することが一般的である。また，国内送金の場合には数百円，海外送金となると数千円の送金手数料を金融機関に対して支払わなければならない。

　しかし，暗号資産の場合には，ブロックチェーン技術を用いることで，時間の制約を受けることなくただちに送金を行うことができ，また，取引を仲介する金融機関へ支払う手数料を削減することができるため，コストの削減も期待できる。加えて，ブロックチェーン技術は，保存されたデータの改竄が事実上不可能な仕組みとなっているため，関係者による不正を防ぐことができるという効果も期待できる。

　なお，暗号資産交換業者に口座を開設し，暗号資産交換業者を通じて送金を行うことが一般的であるが，利用者自身がウォレットを作成し，直接送金することも可能である。また，同一の暗号資産交換業者に口座を保有する人への送金の場合には，暗号資産を送る人の口座残高を減少

させ，受取人の口座の残高を増加させることにより，実際にブロックチェーン上に情報を書き込むことなく送金が完了する。このような取引は「オフチェーン取引」と呼ばれ，反対にブロックチェーン上に情報を書き込む取引を「オンチェーン取引」と呼ぶ。

　ただし，暗号資産は，基本的に価値の裏付けとなる資産がなく，需給関係などのさまざまな要因によって価格が大きく変動するのが特徴である。すなわち，価値の保存に向いていないという特徴がある。上述のとおり，暗号資産は支払手段として用いることができるが，価格の変動により利用者は思いがけぬ損失を被ることが想定されるため，支払手段としてあまり普及せず，もっぱら投機の対象として取引されているのが現状である。

(2)　トークン

①　トークンの概要

　「トークン」という用語は，独自のブロックチェーンを持たず，既存の暗号資産のプラットフォームを用いて発行された財産的価値を指して用いられることがある。さまざまな性質を有するトークンが存在するが，大きく**図表１－１－４**の４つのトークンに分類することができる。

②　トークンの活用事例

(i)　資金調達手段

　投資家から資金を集める手段としてトークンを用いることもできる。従来，企業が資金を集める方法としては，金融機関からの融資や新株の発行が用いられてきた。最近では，クラウドファンディングという方法も誕生している。

　トークンを用いた資金調達方法は，企業が自社のトークンを発行し，

（図表1－1－4）　**トークンの種類**

種　　類	概　　要
通貨型トークン	交換の媒体として機能することが意図されたトークンを指す。
資産担保型トークン	物理的な資産（例えば，金や石油など）の所有権を表すトークンを指す。
ユーティリティ・トークン	保有者に対して財またはサービスへのアクセスを提供するトークンを指す。
セキュリティ・トークン	ある企業の経済的持分，あるいは現金またはその他の金融資産を受け取る権利を表するトークンを指す。また，ある企業の議決権および残余持分に対する権利を表すこともある。

トークンの買い手を募るというものである。このような資金調達方法は，株式の発行による資金調達手段であるIPO（Initial Public Offering（新規公開株式））をもじってICO（Initial Coin Offering）と呼ばれることもある。トークンの保有者は何らかの形で財またはサービスへのアクセス権を得られることが一般的であり，投資家はこのような財またはサービスへのアクセス権の取得を目的としてトークンの購入を行う。あるいは，トークンの価格の値上がりを期待し，暗号資産交換所において売買することで利益を得ることを目的にトークンを購入する投資家も存在する。

　なお，企業がトークンの買い手を募る際に，企業のビジネスの内容，資金調達の目的，トークンの技術的な説明などを記載した文書を公表する。このような文書はホワイトペーパーと呼ばれる。投資家は，ホワイトペーパーを閲覧し，興味を持ったトークンを購入する。ただし，ホワイトペーパーの内容が事実と異なるなど，詐欺的なICOが行われた事案も存在するため，日本においては投資家保護の観点から一定の規制が設

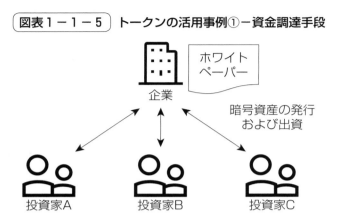

図表1－1－5　トークンの活用事例①－資金調達手段

けられている。規制の内容については，第2章において解説する。

(ii)　地域通貨

　その他のトークンの活用事例として，特定の地域の特定の店舗のみで利用可能な「地域通貨」として利用された事例も存在する。これまで，地域消費を促進し，地域経済の活性化につなげるために，地域振興券や地域通貨を利用するという事例はよく見られていた。しかしながら，このような地域振興券や地域通貨の発行には，偽造防止や安全な管理のた

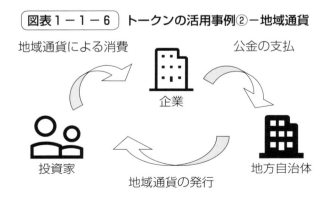

図表1－1－6　トークンの活用事例②－地域通貨

めの多額のコストがかかるという課題が存在していた。しかし，ブロックチェーン技術を活用することにより，低コストかつ安全に独自のトークンを発行することができ，これらの課題を解決することが可能となった。また，税金の納付や従業員への給与の支払を，ブロックチェーン技術を用いた地域通貨によって行うことができる自治体も存在する。このように，ブロックチェーン技術を用いた地域通貨を利用することで，地域独自の経済圏を作り上げることも可能である。

(3)　ステーブルコイン

①　フェイスブック社によるリブラの発行計画

　2019年6月にフェイスブック社（Facebook, Inc.）が公表した，ブロックチェーン技術を用いた新しい通貨「リブラ（Libra）」の発行計画が注目を浴びている。フェイスブック社はSNSサービス「Facebook」を運営しており，子会社を通じて「Instagram」や「WhatsApp」等のサービスも展開している。「Facebook」は2020年12月末時点で世界中に約28億人のMAU（Monthly Active User）を有している。世界中の約33%以上の人々が利用する超巨大プラットフォームであり，リブラと同社グループが手掛けるSNSサービスを連携させることで，ユーザーに対して利便性の高いサービスを提供することを目的としている。

　リブラを運営する独立組織であるリブラ協会（Libra Association）が公表したホワイトペーパーでは，世界の貧しい人々に対して低コストで金融サービスを提供することがリブラ発行の目的とされている。これまで金融サービスを利用することができなかった人々が金融サービスを利用できるようにすること，いわゆる金融包摂（Financial Inclusion）がリブラの基本的な理念となっている。世界中にはさまざまな理由により銀行口座を持てずにいる人々が存在する一方で，そのような人々であってもスマートフォンを保有している割合が非常に高いのが現状である。

したがって，スマートフォンを通じて，リブラを用いた決済・送金サービス等が普及すれば，金融包摂が進むと考えられる。また，暗号資産が抱えている課題の1つである価格の変動性の大きさに対して，リブラ協会は銀行預金や短期国債などの安全資産をリブラの価値の裏付けとすることで価値の安定を図ることを計画している。このような裏付け資産を用いることで価値が安定した財産的価値は，「ステーブルコイン」と呼ばれる。

② リブラへの懸念

しかし，フェイスブック社は1つの民間企業であるものの，超巨大なプラットフォーマーであり，世界中に利用者が存在することから，リブラは一国にとどまらず，グローバルに利用される通貨となりうる。このような利用者が極めて多いステーブルコインは，決済・送金サービスに用いられることがグローバルスタンダードとなり，各国が発行する法定通貨を超える存在となるだけでなく，金融市場の寡占を生む可能性がある。また，金融不安が起こった際に，銀行預金から資金をステーブルコインに逃避させるといった取り付け騒ぎが起こる可能性がある。

実際に，米中の貿易摩擦や新型コロナウイルス感染症の感染拡大などの経済不安が広がった際に，各国の法定通貨の通貨安を懸念し，資金の逃避先としてビットコインが買われた結果，ビットコインの価格が上昇するという事象が起こっている。銀行への取り付け騒ぎが起こる可能性については，2019年7月に韓国金融委員会が公表した文書においても指摘されている。また，自国通貨の信用力が十分ではない国においては，自国通貨ではなくリブラの流通が広がることにより，法定通貨の価値の低下や，金融政策の実効性の低下につがなるおそれがある。そのため，各国の金融規制当局はリブラに対して警戒感を高めており，2019年7月に米連邦準備理事会（FRB）のパウエル議長は，リブラの普及につい

て「深刻な懸念」への回答が明らかになるまで前進させるべきではない
と発言をしている。

⑷ CBDC

① 中央銀行におけるデジタル通貨の活用

　１つの民間企業がステーブルコインを発行するのではなく，世界各国
の中央銀行がデジタル化された通貨を発行することも検討されている。
中央銀行が発行するデジタル化された通貨は，中央銀行発行デジタル通
貨（Central Bank Digital Currency，以下「CBDC」という）と呼ばれる。
世界各国の中央銀行がCBDCの発行を検討している理由はさまざまであ
るが，前述のリブラ計画の公表により，より一層CBDCへの関心が高ま
りつつある。

　スウェーデンは，世界で最もキャッシュレス化が進んでいる国の１つ
である。スウェーデンの中央銀行であるスウェーデン国立銀行のデータ
によると，2017年の現金流通高の対国内総生産（GDP）比率はわずか
１％である。したがって，現金決済の代わりとして以前からCBDCの発
行を検討していた。スウェーデン国立銀行は，2020年２月からCBDCで
ある「e-Krona（イークローナ）」の実証実験を進めている。試験運用
に用いるCBDCの基盤には，ブロックチェーンの技術を用いることが発
表されており，システムの仕組みと試験運用の全体像を説明する資料も
公開されている。

　カンボジアでは，CBDCである「Bakong（バコン）」のホワイトペー
パーが2020年６月に公表された。カンボジアのような発展途上国では，
自国における決済システムが十分に整備されておらず，既存の金融シス
テムを置き換える際の困難性が低いことから，新しい決済システムを導
入しやすい状況にある。さまざまな理由により銀行口座を持たない人々
が多い中で，スマートフォンの普及率は高いため，CBDCを発行し，決

済手段や送金手段として用いることで金融包摂を進めることを目的としている。

　中国では，2020年4月に一部地域においてCBDCの実証実験が開始され，CBDC発行が現実のものとして検討されている。中国では2014年からCBDCに関する研究に着手しており，当初の研究の目的は現金の流通コストの削減やマネーローンダリング（資金洗浄）などの犯罪対策などであった。現金決済をデジタル決済に置き換え，取引情報を公的機関が管理することで，犯罪を防ぐことができる。一方，中国政府はCBDCを発行する理由は明らかにしていない。中国の法定通貨である人民元の国際化を推し進めるための手段としてCBDCが用いられている可能性がある。世界的に見ると，米ドル，ユーロ，日本円の主要3通貨が為替取引において圧倒的なシェアを占めており，世界第2位のGDPを誇る中国

図表1−1−7　主なCBDCに関するプロジェクト

国または地域	CBDC名称	状　況
スウェーデン	e-Krona（イークローナ）	2020年に試験発行し，2021年に発行予定である。
ウルグアイ	e-Peso（イーペソ）	2017年に試験発行したが，今後の実用化の予定は未定である。
東カリブ諸国	DXDC（デジタル東カリブドル）	2019年に試験発行し，2021年に発行予定である。
バハマ	Sand Dollars（サンドダラー）	2020年10月20日に発行を開始した世界初のCBDCである。
カンボジア	Bakong（バコン）	2020年10月28日に発行を開始した世界で2番目のCBDCである。
中国	デジタル人民元	CBDC発行に向けた調査・研究・実験を行っている。具体的な発行予定は明かされていない。

図表1-1-8　CBDC発行のイメージ

①現金の入金　　　　　　　　③現金の入金
中央銀行　←　　　　　　　民間銀行　←　　　　　　　国民
　　　　②CBDCの発行　　　　　④CBDCの移転

注：民間銀行を介せずに，中央銀行が国民に対して直接CBDCを発行する方法も考
　えられる。

人民元の国際的な地位は非常に低いものとなっている。中国のCBDCが国際的な決済手段として広がりを見せることで，人民元の国際化に貢献すると考えられる。したがって，中国にとって他の主要国よりも先んじてCBDCを発行することが重要であり，リブラ計画の発表がCBDCの発行を急がせる一因となっている。

②　CBDCの意義

　CBDCの最大の特徴は，中央銀行が発行するため信用力が高いことが挙げられる。また，デジタル通貨の国際的な枠組みの構築につながり，民間企業による無秩序なデジタル通貨発行を防ぐと考えられる。さらには，中央銀行による金融政策に幅を持たせることも可能となる。例えば，CBDCの保有者に対して利息（マイナス金利を含む）を付すことで，個人消費や投資を抑える，または促すことが考えられる。また，紙幣や硬貨を発行して輸送する必要がなくなることからコストの削減が見込まれることや，ブロックチェーン技術を用いることで資金の流れの透明性を高めて不正を防止すること，主に発展途上国においては金融包摂を進めることができる効果なども期待される。CBDCを発行することで，イノベーションが促進され，新たな革新的なサービスが生まれる可能性もある。

　一方で，CBDCを発行するためにはさまざまな課題が存在する。ブ

ロックチェーン技術は新しい技術であるため，混乱を招くおそれがないようにさまざまな状況に対処できるように準備をしておく必要がある。現在，各国の中央銀行がCBDC発行の検討や実証実験を重ねており，さまざまなテクノロジー面の課題が識別されている。具体的には，機能の安定性や処理性能の確保，セキュリティの確保，スマートフォンを保有しないユーザーへの対応，既存の金融システムの代替の困難性などが挙げられる。また，法規制についても，CBDCの法律上の位置づけ，利用者に対する規制など，CBDCを発行するにあたって新たに整備しなければならない法規制がある。中央銀行によるCBDCを通じた金融政策（CBDCへの付利など）については，前例のない金融政策であるため，マクロ経済に対して実際にどのような影響を与えるのか慎重に検討したうえで実行する必要がある。

③　日本における取組み

　2016年12月，日本銀行と欧州中央銀行は，金融市場インフラへの分散型台帳技術の応用可能性を調査するための共同調査プロジェクト「Project Stella（プロジェクトステラ）」を立ち上げることを公表した。その後，数年間にわたり，分散型台帳技術が金融市場インフラに対してもたらしうる潜在的な利点や課題について共同調査を行ってきた（**図表１－１－9** 参照）。なお，当該プロジェクトのすべての調査結果は，法規制上の制約を一切考慮しておらず，技術的な観点のみの調査となっている。

　2020年12月31日時点において，日本銀行はCBDCの発行に対して慎重な姿勢を示しており，CBDCを発行する計画はないと公表している。しかし，2020年7月17日に閣議決定された「経済財政運営と改革の基本方針2020」では，「中央銀行デジタル通貨については，日本銀行において技術的な検証を狙いとした実証実験を行うなど，各国と連携しつつ検討を行う。」と述べられている。また，2020年10月9日に「中央銀行デジ

図表1－1－9 プロジェクトステラの調査結果の概要

フェーズ	調査結果の概要
フェーズ1 （2017年9月）	分散型台帳技術に基づくシステムは，現行の即時グロス決済（RTGS：Real-Time Gross Settlement）システムと同等のパフォーマンスを示しうることを確認した。
フェーズ2 （2018年3月）	証券決済に焦点を当て，分散型台帳技術を用いて証券と資金の受渡しが実現できることを明らかにした。
フェーズ3 （2019年6月）	異なる種類の分散型台帳であっても信用リスクを負うことなく，国際決済の安全性を確保できることを確認した。
フェーズ4 （2020年2月）	PTE（Privacy-Enhancing Technologies）の特徴，評価観点に関する提案を行った。

出所：日本銀行「Project Stellaに関する共同報告書」

タル通貨に関する日本銀行の取り組み方針」を公表し，技術革新のスピードの速さなどを踏まえると，今後，CBDCに対する社会のニーズが急激に高まる可能性があるとしたうえで，さまざまな環境変化に的確に対応できるよう必要な準備を進めていくという方針を打ち出している。

(5) ま と め

　本節では，ブロックチェーン技術を用いることにより誕生した暗号資産，暗号資産から派生して生まれたトークンおよびステーブルコイン，さらにはCBDCについて解説を行った。これらは，管理者の有無や価値の安定性，金融システムへ与える影響という点で相違している（**図表1－1－10**参照）。しかし，信頼性のある支払手段の提供，コストの削減，金融包摂などを目的としている点では共通している。ブロックチェーン技術の支払手段としての活用は過渡期にあると考えられるが，より安心で便利な支払手段として活用されていくことを期待したい。

| 図表1－1－10 | 暗号資産・トークン・ステーブルコイン・CBDCの違い |

	暗号資産	トークン	ステーブルコイン	CBDC
管理者	不在[※1]	不在[※1]	発行企業	中央銀行
独自のブロックチェーン	あり	なし	あり[※2]	あり
価値の安定性	不安定	不安定	安定	安定
主な活用事例	投機対象	さまざまな権利の表章	支払手段等	支払手段等
金融システムへ与える影響	小さい	小さい	大きい[※3]	（発行方法・目的次第）

（※1）　特定の管理者が存在し，参加するためには管理者の許可が必要となるネットワークを構築することが可能である。そのようなネットワークは「プライベートチェーン」と呼ばれる。対照的に，特定の管理者が存在せず，誰でも自由に参加することができるネットワークは「パブリックチェーン」と呼ばれる。

（※2）　既存の暗号資産のブロックチェーンを用いて発行されることもある。

（※3）　利用者が多いステーブルコインは既存の金融システムに及ぼす影響が特に大きい。

第2節 ┃ 暗号資産からのビジネスの広がり

⑴　トークンエコノミー

①　トークンエコノミーの構築の始まり

　第1節において述べたように，ビットコインという，誰もが参加でき管理主体がいない，分散型のブロックチェーンにおける支払手段の仕組みとして始まった暗号資産は，支払手段や投機対象としてまず広がった。そこから，より安定的な価値を持った支払手段としてのニーズの拡大に伴い，ブロックチェーンにおける法定通貨建てのデジタル・アセット，または，法定通貨建ての価格水準をできるだけ一定にするような仕組みを備えた暗号資産，いわゆる「ステーブルコイン」の発展へとつながった。そして，各企業や団体，または，地域やコミュニティにおける，ステーブルコインの発展や，国や地域の枠を越えたプラットフォームを提供する企業・団体におけるステーブルコインの発行や利用の計画の発表を受け，各国の通貨発行主体である中央銀行が管理するブロックチェーンにおいて発行されるデジタル通貨「CBDC」の検討，計画へとつながっている。

　このように，支払手段という流れでは，分散型のブロックチェーンにおけるビットコインから，中央集権型のブロックチェーンにおけるCBDCへと，当初のビットコインのブロックチェーンの目的とは逆の管理型へとつながっている。一方で，暗号資産には，ブロックチェーンにおける何らかの価値を表すデジタル・アセットとしての側面もあり，資金決済法上の暗号資産の定義とは異なるデジタル・アセットへの広がりもある。

　本節では，支払手段としてだけではなく，ブロックチェーンにおける

デジタル・アセット（いわゆる「トークン」）としてのビジネスの広がりについて考察する。

②　トークンを使ったビジネスの広がり

　ビジネスの広がりを狙った「トークン」の主な使い方としては，

　（i）　トークンを発行して，そのトークンが使える経済圏を構築することで顧客基盤の構築と拡大を目的としたもの

　（ii）　すでにある財産等を表章するトークンを発行し，現状の取引の仕組みをブロックチェーンで実現しようとするもの

等がある。

　（i）トークンを発行して，そのトークンが使える経済圏を構築することで顧客基盤の構築と拡大を目的としたものとしては，その利用可能用途や得られるベネフィットをホワイトペーパーに記載したうえでトークンを発行することが挙げられる。当該トークンを付与する，またはその利用用途やベネフィットに賛同または期待している相手へ売却することで，トークン保有者がその経済圏への参加やその経済圏の構築や拡大の支援をすることができる仕組みである。これは，顧客基盤の構築や拡大といった意味では，現状あるさまざまなポイント制度と同様の仕組みである。しかしながら，ポイント自体は顧客間での交換や売買ができないが，トークンは顧客間での交換や売買ができること，また暗号資産の定義を満たすトークンは，暗号資産交換業者において取り扱われることで，経済圏への参加や支援に加えて，トークンの値上がりによる経済的価値の享受ということも期待できることになる。

　2020年8月現在，トークンを発行することによって資金調達することを主目的としているICOは，日本においてはまだ多くの事例はないが，第2章において述べている法規制，会計基準等の制度面の整備が進むにつれて，ICOによって発行されるトークンが増えていく可能性がある。

(ii)すでにある財産等を表章するトークンを発行し，現状の取引の仕組みをブロックチェーンで実現しようとするものとしては，「Non-Fungible Token（以下「NFT」という）」と呼ばれるものや，電子記録移転権利有価証券表示権利等（セキュリティ・トークン，以下「ST」という）が挙げられる。

(2)　Non-Fungible Token（NFT）

①　NFTは暗号資産に該当しない

　NFTは，暗号資産の盛り上がりの早い時期から存在し，イメージとしては，「トレーディングカード」や「ゲーム内のアイテム」をブロックチェーン上で取引できるトークンにしたものである。

　NFTとは，直訳すると「代替不可能なトークン」である。代替不可能という意味は，例えば，同じイーサリアムのブロックチェーンのERC721という規格で発行されたトークンであっても，1つひとつのトークンが他のトークンとは別個の特徴や価値を持っており，代替できないということを意味する。一方，暗号資産のイーサリアム（ETH）は，それぞれに区別はなく，どのイーサリアムも同じものとして取り扱われているため，代替可能（Fungible）なトークンといえる。上述した「トレーディングカード」，「ゲーム内のアイテム」といったものは，表章しているキャラクターやアイテムそれぞれの特徴1つひとつに異なる価値があるため，トークンとして発行されるとお互いに代替不可能なNFTとなる。当該トークン自体が表章するものの価値を上げて交換（売却）することで，経済的利益を享受することもできる。また，もともとの「トレーディングカード」，「ゲーム内のアイテム」と同様に，収集することによって便益を得るということもできる。

　NFTが暗号資産に該当するか否かについては，金融庁が，決済手段等の経済的機能を有していないものは，暗号資産（当時は仮想通貨）に

は該当しないという見解を示している。以下は，2019年9月に，資金決済法の「事務ガイドライン（第三分冊：金融会社関係　16　仮想通貨交換業者関係）」の一部改正にあたり，公開草案に寄せられたパブリックコメントへの回答として，金融庁が公表した原文である。

　物品等の購入に直接利用できない又は法定通貨との交換ができないものであっても，1号仮想通貨と相互に交換できるもので，1号仮想通貨を介することにより決済手段等の経済的機能を有するものについては，1号仮想通貨と同様に決済手段等としての規制が必要と考えられるため，2号仮想通貨として資金決済法上の仮想通貨の範囲に含めて考えられたものです。したがって，例えば，ブロックチェーンに記録されたトレーディングカードやゲーム内アイテム等は，1号仮想通貨と相互に交換できる場合であっても，基本的には1号仮想通貨のような決済手段等の経済的機能を有していないと考えられますので，2号仮想通貨には該当しないと考えられます。

出所：金融庁「「事務ガイドライン（第三分冊：金融会社関係）」の一部改正（案）に対するパブリックコメントの結果について」（2019年9月3日）の「（別紙1）コメントの概要及びそれに対する金融庁の考え方」コメントNo.4への回答。

②　NFTの広がり

　NFTは暗号資産に該当しないという回答が公表されたことにより，NFTを交換するプラットフォームを業として提供する企業は，暗号資産交換業者としての登録は不要であることが確認された。そのため，ブロックチェーンを使ったゲームを提供する会社等が，NFTの取引のプラットフォームを提供しているケースが多く見られる。

　ゲーム上のアイテムやキャラクターをブロックチェーン上で取引できるNFTとして発行し，NFTが表章するアイテムやキャラクターの価値

を向上する場や交換できる場としてのゲーム等のプラットフォームを提供し，その支払手段として暗号資産を利用する。こうすることで，すべての取引が，当該プラットフォームまたはブロックチェーン上で完結することができ，法定通貨の送金や決済が不要となる。また，ゲームのユーザーにとっては，自身が育成したキャラクターやアイテムが，ブロックチェーン上に，他では代替できない唯一無二の存在であるNFTとして発行され記録されることにより，新しいユーザー体験を得ることができる。

　また，NFTとしてブロックチェーンに記録され取引できるようになっているため，これまでは当該キャラクターやアイテムが帰属するゲーム内でしか利用できなかったキャラクターやアイテムが，別のゲームでも活用できる可能性がある。例えば，Crypto Games Inc. が運営するブロックチェーン・カードゲーム「クリプトスペルズ」は，double jump. tokyo Inc.が運営するブロックチェーン・ロールプレイングゲーム「マイクリプトヒーローズ」との間で，一部のキャラクターを互いに利用できるようにしている（2020年8月現在）。これは，今までは各ゲームで閉じていた世界が，ゲーム上のキャラクターを軸として，個々のゲームの枠を越えた経済圏として拡大していく可能性を示すものと考えられる。

　さらに，NFTの流通の場としての「マーケットプレイス」の運営も拡大している。流通も，売買だけではなく，貸借といった取引にも広がっている。しかしながら，現状，NFTは暗号資産やブロックチェーンにある程度以上親しんでいる人々の間で広がっている状況で，世界の月間取引高も10億円程度（USD10百万）の規模[1]であり，既存の世界ゲームコンテンツ市場の2019年の年間取引高の15兆円程度[2]とは規模が

1　出所：株式会社メタップスアルファ「ブロックチェーンゲーム市場レポート：NFT取引（2019年12月）」。

大きく異なっている。

　NFTは，その特徴である「代替不可能性」を利用することで，ゲーム以外にも利用できる。例えば，絵画，工芸品，宝石等の所有権および真正性の証明である。また，NFTとして取引されることにより，それぞれの価値も共有され，より透明性のある取引が実現できる可能性がある。

⑶　セキュリティ・トークン（ST）

①　STへの取組み

　すでにある財産等を表章する，ゲーム等以外のトークンとしては，よりビジネスに直結したものとして，金融商品である有価証券等を表章するトークンとしてのSTが挙げられる。第2章第2節において詳細は述べるが，2020年5月の金融商品取引法の改正により，STは同法によって規制されることとなった。

　このため，STへの取組みについては，既存の金融商品取引業者で広がっている。その取組みには以下のような事例が挙げられる。

2　出所：株式会社KADOKAWA Game Linkageマーケティング部「ファミ通ゲーム白書2020」（2020年7月発行）。12か月で単純に割った月間取引高は1兆2,500億円程度。

図表1−2−1 STへの取組み事例

企業名	取組みの内容
野村ホールディングス／野村證券	• 国内初，ブロックチェーン基盤を使ったデジタルアセット債，デジタル債の発行 • グループ会社のBOOSTRYが，デジタルアセットの発行および取引のプラットフォーム「ibet」を公開 • BOOSTRYが富士通と異なるブロックチェーン間におけるデジタルアセット取引に成功し，サービス提供に向けたビジネスモデル検討を開始 • MUFGとともに米セキュリタイズに出資 • BOOSTRYに，SBIホールディングスが出資
大和証券グループ本社／大和証券	• 子会社Fintertechに，クレディセゾンが資本参加 • Fintertechが一般社団法人日本セキュリティトークン協会に入会
SBIホールディングス／SBI証券	• STプラットフォーム開発の米テンプラムに出資 • 子会社SBIインベストメントが米セキュリタイズに出資 • BOOSTRYに，SBIホールディングスが出資
東海東京フィナンシャル・ホールディングス／東海東京証券	• シンガポールのデジタル証券取引所に参画 • 東海東京フィナンシャル・ホールディングスがブロックチェーンスタートアップHash DasH Holdingsへ出資 • Hash DasH Holdingsの子会社Hash DasHが第一種金融商品取引業登録
みずほフィナンシャルグループ／みずほ銀行／みずほ証券	• Blue Lab，ヤマダ電機，オリエントコーポレーション，ファミリーマート，および岡三証券グループ，松井証券，楽天証券等と協働し，ブロックチェーン技術を活用した「個人向けデジタル社債」の発行およびシステム基盤構築に向けた実証実験実施
三菱UFJフィナンシャル・グループ	• 野村HDとともに米セキュリタイズに出資 • ST研究コンソーシアムを設立，ST決済基盤「progmat」開発

※2020年8月現在，各社の公表情報をもとに筆者作成。

　2020年4月に認定金融商品取引業協会となった「一般社団法人日本STO協会」の正会員には，以下の金融商品取引業者が登録されている。

図表1－2－2　日本STO協会の正会員

auカブコム証券株式会社	Hash Dash株式会社
SMBC日興証券株式会社	マネックス証券株式会社
株式会社SBI証券	みずほ証券株式会社
大和証券株式会社	三井住友信託銀行株式会社
東海東京証券株式会社	三菱UFJ信託銀行株式会社
野村證券株式会社	楽天証券株式会社

※2021年1月現在，一般社団法人日本STO協会ウェブサイトより。

　また，STはブロックチェーン上のトークンであるため，ブロックチェーン上のウォレットや暗号鍵の管理，トークン自体をすでに取り扱っている暗号資産交換業者の中には，金融商品取引業者としての登録を目指す「令和元年法律第28号附則第10条第1項に基づくみなし金融商品取引業者（第一種金融商品取引業）」となっている業者もいる。ただし，この金融商品取引業者としての登録の目的はSTの取扱いよりも，すでに取り扱っている暗号資産を対象資産とするデリバティブ取引が，同じく2020年5月の改正金融商品取引法において規制対象となったため，その取扱いが主目的と考えられる。この規制についての詳細も，第2章第2節において述べている。

②　STビジネスの課題

　STが今後，実際のビジネスとして幅広い投資家が参加する投資対象となるためには，いくつかの課題があると考えられる。主な課題として，まずは，投資対象としての魅力があるか否かである。これは，どの金融

商品でも同じであるが，投資対象としての魅力がある商品となるのかは，STにかかわらず，新規金融商品の開発における最初の課題となる。

　次に，各金融商品取引業者がSTを発行する仕組みを構築して売り出しても，売出しに参加した投資家が当該STを売却して経済的利益を得る，また，売出しには参加していない潜在的投資家がSTを購入できる「セカンダリーマーケット」の構築と発展が必要となる。セカンダリーマーケットがない場合は，売出しに参加する投資家の出口戦略が非常に狭まり，投資することの合理性を見出すことが困難になることが想定される。また，売出し以外に投資に参加する場としてのセカンダリーマーケットがないと，そもそもの投資参加者の母集団が小さいものとなってしまう可能性がある。

　第2章第2節で詳細に述べているSTに関する規制は，非常に端的にいうと，現状の「第1項有価証券」（定義は，第2章第2節参照）という，いわゆる株式，社債等の有価証券を発行し売り出すときと同様の規制をかけているものである。そのため，前述のICOと異なり，有価証券届出書等の開示資料の作成・公表が必要である。また，発行体の財務諸表等については財務諸表監査を受けたうえで公表することが必要となる。これは非常に多大な事務作業とコストを伴うものであり，これがSTの発行，売出しの拡大の障害となる可能性がある。

　主な課題を挙げたが，これら以外にも対処すべき事項はさまざまある。STの市場が拡大するか否かは，今後の各金融商品取引業者および一般社団法人STO協会，一般社団法人証券業協会といった認定自主規制団体を含む業界全体としての取組みが重要になると考えられる。

⑷　金融取引への広がりの可能性

　もともと金融取引は，ブロックチェーンではないが，預金取引やクレジットカード決済，株券不発行，登録社債等，「デジタル」での取引と

なっている部分が多く，STだけではなく，他にも金融取引へのブロックチェーンの広がりの可能性がある。例えば，ブロックチェーン上に金融取引のエコシステムである分散型金融（Decentralized Finance，以下「DeFi」という）を構築する動きがある。

今までの金融取引は，銀行や証券会社のような仲介者の役割を果たす機関に依存する中央集権型のものであった。一方，DeFiでは，仲介者はおらず，ブロックチェーンのプログラムによって管理や仲介がなされる。そのため，仲介コストの削減により，金融取引のエコシステム自体のコストも軽減できると考えられる。また，取引記録はブロックチェーン上に記録され，参加者のノードに共有されるため，取引の透明性がブロックチェーンによって担保される。そして，参加者は常に資産を自分自身で管理できることになる。

DeFiのユースケースとしては，ステーブルコインを利用した送金や貸出しもあるが，上述したNFT等のトークンの取引や暗号資産の貸借取引等を，誰かが管理・運営するマーケットプレイスや暗号資産交換業者が運営する取引所・交換所で実行するのではなく，管理者なしでブロックチェーン上で取引を実施する分散型取引所（Decentralized Exchange，以下「DEX」という）で実行する取組みもある。DEXでは，取引の透明性等，ブロックチェーンの特徴を活かして構築できる仕組みがある。ただし，誰が取引に参加しているのかがわからない「匿名性」については，マネーローンダリング対策，テロ資金供与対策等への対応ができないことになり，課題もあると考えられる。また，分散型のため，参加者自身が管理することが必要になり，参加者のブロックチェーン等の技術および金融取引に関するリテラシーがある程度以上必要となることから，参加者の母集団が広がりにくいという懸念もある。

⑸　ま と め

　ブロックチェーンビジネスは，暗号資産からトークンへ，そして金融取引へと広がっている。もともと「デジタル」での取引が多い金融取引へ広がったブロックチェーンであるが，その広がりは金融のみならず，その他の業種にも及んでいる。さまざまな業種においてブロックチェーンが広まっていくと，取引においては最後に支払や決済が必要となるため，さらに金融取引をブロックチェーン上で実施することが必要になる。こういった循環によって，あらゆる業種におけるブロックチェーンの利用の拡大が期待できると考える。

第3節 ┃ 金融取引以外で広がるブロックチェーンビジネスの特徴

　第2節では，もともと「デジタル」での取引が多い金融において，暗号資産からトークンへとブロックチェーンが広がってきていることを述べた。そして，決済や支払につながる金融取引におけるブロックチェーンの利用が同時に他業種へと展開および循環されることが期待されることも述べた。

　PwCが世界的に実施した調査[3]においても，支払と金融商品分野以外において，2021年度には480億ドル，2030年には1兆3,130億ドルの経済効果を予測している。

　また，経済産業省のブロックチェーンに関する国内外動向調査[4]においても，想定される市場規模として，それぞれ**図表1-3-1**のように掲げられている。

　そこで，本節では，(1)において金融取引以外で広がるブロックチェーンビジネスの事例を調査する観点を定め，(2)において調査結果を提示し，(3)においてその特徴について述べる。

(1)　筆者による事例調査

①　調査方法

　非金融取引におけるブロックチェーンを用いた事例は，現状は実証実験段階や構想段階におけるものが多い。そのため，以下の基準で調査対

3　PwC, "Time for trust : The trillion-dollar reasons to rethink blockchain," October 2020.

4　経済産業省「平成27年度　我が国経済社会の情報化・サービス化に係る基盤整備（ブロックチェーン技術を利用したサービスに関する国内外動向調査）報告書概要資料」

図表1－3－1　ブロックチェーンに関する国内外動向調査

領　域	概　　要	市場規模
価値の流通・ポイント化，プラットフォームのインフラ化	自治体等が発行する地域通貨・電子クーポン・ポイントサービスをブロックチェーン上で流通・管理	1兆円
遊休資産ゼロ・高効率シェアリング	デジタルコンテンツを含めた資産等の利用移転情報，提供者／利用者の評価情報をブロックチェーン上に記録	13兆円
権利証明行為の非中央集権化の実現	土地登記，電子カルテ，各種登録（出生，結婚，転居等）等の物理的状況や権利関係の情報をブロックチェーン上で登録・公示・管理	1兆円
オープン・高効率・高信頼なサプライチェーンの実現	製品の原材料からの製造過程と流通・販売までを，ブロックチェーン上で追跡	32兆円
プロセス・取引の全自動化・効率化の実現	契約条件，履行内容，将来発生するプロセス等をブロックチェーン上に記録	20兆円

象を選定した。

- 実用化された，または実用化が見込まれる事例
- 実証実験・構想段階においても多数の参加者が賛同し取り組まれている事例
- 複数の業種の事例（国内外を問わず，偏りがないようにする趣旨）
- 先進的なテクノロジーや取組みである事例

　上記基準をもとに選定した事例について，調査観点を定めて，ウェブリサーチ，取組み主体が発行しているホワイトペーパーおよび公表されている公的なレポートをもとに調査を実施した。

　なお，前述した「ブロックチェーンに関する国内外動向調査」の領域別の市場規模に鑑みると，ブロックチェーンの導入は業種・産業をまた

がって展開されていくことが想定される。本調査では，調査した事例を
既存業種の観点で整理することで，実際に業種・産業をまたがってブ
ロックチェーンビジネスが展開されつつあるかを確認することとする。

　また，調査結果をもとに，ブロックチェーンの導入により解決された
課題を抽出し，ブロックチェーンビジネスにおける特徴についてまとめた。

② **調査対象と観点**
　選定した調査対象の事例は**図表１－３－２**のとおりである。

（**図表１－３－２**）**調査対象**

業種・産業	主な事例略称	調査件数
エネルギー・資源・鉱業	• 電力取引プラットフォーム • 環境価値取引プラットフォーム	6
エンタテインメント＆メディア	• 広告プロセスの透明化 • 著作権情報管理の効率化 • 消費者の資産保護・手数料削減	10
テクノロジー	• トークンエコノミー形成 • 個人情報管理サービス	6
ヘルスケア	• 医療等データの透明性・信頼性担保 • 医療等データの共有	7
サプライチェーン（消費財・小売・流通・運輸・物流）	• 貿易決済コンソーシアム • サプライチェーンの共有による流通効率化 • サプライチェーンの透明化およびトレーサビリティによる問題発見と偽造防止	35
官公庁・公的機関	• 行政機関における業務手続の電子化 • 個人識別とトレーサビリティ	3
自動車	• MaaS関連交通事業者が収集した情報活用	6

	• MaaSプラットフォーム利用者へのデータ提供やサービス参加への対価としてのトークン発行	
重工業・産業機械	• IoT機器のセンサーが計測するデータの正確性担保	1
情報通信	• 本人認証プラットフォーム • 個人情報連携プラットフォーム	6
不動産	• 不動産売買プロセスの透明性と自動化 • 不動産権利証明の透明性と効率化	2
	計	82

調査観点は**図表1－3－3**のとおりである。

図表1－3－3 調査観点

	調査観点	調査内容
1	プロジェクト略称	事例略称
2	プロジェクト概要	事例概要
3	国	実施されている主な国・地域
4	導入前課題	ブロックチェーンを活用する前の課題について，公示されている内容または仮説
5	用途と提供価値	課題に対して寄与したブロックチェーンの以下の用途とその提供価値（メリット）を推定 • 価値交換 • データ記録
6	取引形態	以下の主な参加者のセグメント内容 • 企業 • 個人 • 政府 • 従業員 • NPO法人　等

7	運営形態	ブロックチェーンを用いる際の以下の運営形態 • パブリック • コンソーシアム • プライベート
8	マネタイズ	ビジネスモデルを維持するためのマネタイズについて以下を考慮し推定 • チャネル，販売経路 • 収益構造
9	実現化状況	以下の公表されている事実または推定 • 実証実験段階 • 実用化または商用化段階
10	連携技術	以下の技術との連携内容 • IoT • AI

(2) 調査結果

業種・産業別の調査結果は以下のとおりである。

① エネルギー・資源・鉱業

電力の自由化，スマートメーターの普及，FIT（固定価格買取制度）の満期終了などの市場機会がある反面，電力等の個人間取引の規制の存在，環境価値の高い電力および余剰電力の利便性の低さという課題がある。

ブロックチェーンの活用により，以下のデータの透明性，改竄耐性の向上，運用・管理コストの削減を実現することで，企業の参入が増えている。なお，国内外を問わず，積極的に商用化に向けて大手企業と連携して取り組んでいる事例が多かった。

【価値交換】

　ブロックチェーン技術を活用し，「電力とトークンの紐づけ」を行っている。このトークンを需要者が発電者から買い取ることで生産者は利益を得ることができ，需要者はトークンと引換えに電力を使用することができる。

【データ記録】

　取引はスマートコントラクトによって自動的に記録されていくことから，データの不正な書換えが行いにくいことに加え，運用・管理コストの削減にもつながっている。また，発電源の特定とその透明性による環境価値の高い電力であることの証明が可能となった。

取引形態	P2P[5]プラットフォームによる以下の参加者間の取引 • 電力の需要者（企業・個人） • 電力の発電者（企業・個人）
運用形態	主に大手電力会社や企業によるコンソーシアムでのP2Pプラットフォーム運営
マネタイズ	ブロックチェーンを利用したP2Pプラットフォームにより電力の発電者から，電力の需要者に対してサービス利用料による手数料が支払われる。具体的には，プラットフォームを通過した電気に対し，手数料としてkWh単位で従量課金等を行う。
実現化状況	需要者と発電者「個人間取引」については海外ではすでに実現されており，国内では電気事業法の関係からも，いったんプラットフォーム運営企業が買い上げ，個人へ電力や収益を再配布している。

5　ピア・ツー・ピア。クライアントサーバ型と異なり，ネットワークに参加する各コンピュータがそれぞれデータを保持し，他のコンピュータに対して対等な関係でデータ要求と提供を行う自律的ネットワークのこと。

連携技術	IoT技術を活用し，ブロックチェーンと連携したスマートメーターによって，発電者と需要者の双方の電力量などのデータをリアルタイムに記録している。

② エンタテインメント＆メディア

　業界全体として，広告プロセスの複雑性によるアドフラウド（広告閲覧件数の水増し等）が発生しやすいほか，著作権の保護の問題，プラットフォームを利用している際に管理者が倒産した場合のユーザー保護などの課題がある。

　ブロックチェーンの活用により，資産価値と取引の透明性を持たせることで，以下を実現している。

【価値交換】

　プラットフォーム上で購入したコンテンツ等について，トークンとの紐づけにより資産価値を持たせ，ユーザー間の直接取引により手数料を削減し，管理者の倒産からユーザーを保護する。

【データ記録】

- 広告プロセスに透明性を持たせて不正を防止する。
- 著作物情報をブロックチェーン上に登録し，取引に透明性を与えることでコピーを防止し，著作権情報も効率的に管理する。

取引形態	以下の広告およびデジタル等コンテンツに係る参加者間の取引が想定される。 ・広告主，広告代理店，広告掲載者，広告閲覧者 ・著作権者，購入者，プラットフォーム利用者・企業
運用形態	・主に広告会社によるコンソーシアム ・資産の価値交換については，主にパブリック ・ITベンダーと地方自治体によるコンソーシアム　等

マネタイズ	プラットフォーム利用による従量課金や取引額に応じた手数料の徴収
実現化状況	国内外ともに大手企業等と連携した商用化がなされている。
連携技術	資産の価値交換については，オープンソースであるイーサリアムのERC721（NFT）をベースとしたトークン発行とトランザクション発行により，ブロックチェーンネットワークを形成することが多い。

③　テクノロジー

　業界全体として，難易度の高いプロジェクトに異なる開発者同士が協力して行う際のエンゲージメント管理や，AIエンジニア・データサイエンティストの技能・技術が提供できるプラットフォームが存在しないこと，個人が持つ権利とプライバシーが保護される法規制が整備されたことから秘匿性の高いデータの安全性を確保することが課題である。

　ブロックチェーンの活用により，資産価値と情報の透明性と改竄耐性を持たせることで，以下を実現している。

【価値交換】

　プラットフォームや組織貢献に対して対価交換可能なトークンを発行し，参加者へのインセンティブを与えることで，プラットフォームおよび組織への参加を担保する「トークンエコノミー」を形成している。例えば，異なる開発者同士が協力して１つのAIを制作する際，各開発者のAIに対する「寄与度（貢献度）」を独自の報酬アルゴリズムで計算し，その結果，それぞれの開発者に対して支払われる報酬量が決定するという仕組み等である。AIの精度向上に対して有益な働きをしたユーザー，多くの貢献をしたユーザーには，より多くの報酬が支払われる設計になっている。

【データ記録】

　ブロックチェーンを用いて個人のユーザー認証とその履歴の改竄耐性を担保することで，ユーザー自身が同意している同意文書の参照と撤回の機能等を提供する。また，これらの機能を利用することで，Cookie利用に対する同意の取得だけではなく，アクセス履歴や，ユーザーの個人データの利活用を，個人情報保護法をはじめとする法令に準拠しながら「個人情報管理」を行えるよう支援する。

取引形態	以下の参加者間の取引。 • プラットフォームを利用する個人および企業 • 個人情報保護に関心の強い個人と個人情報を活用したい企業（大手広告会社・銀行・調査会社・通信会社・流通など）
運用形態	• パブリックで形成される「トークンエコノミー」 • コンソーシアムで形成される「個人情報管理サービス」
マネタイズ	プラットフォーム利用による従量課金や取引額に応じた手数料の徴収
実現化状況	• 「トークンエコノミー」については，海外では商用化，日本では実証実験段階が多い • 「個人情報管理サービス」については，国内外ともに大手企業等と連携して一部商用化が行われている
連携技術	－

④　ヘルスケア

　ヘルスケア業界では，医療データを利用する技術がありながら，データ共有に対する透明性・信頼性が担保されておらず，行政からの規制もあり，個人も自身の医療情報でありながら他医療機関と共有しづらい等も含めて自由度の高い利活用が困難である。

　ブロックチェーンのデータ記録の特性を活かして，改竄耐性によるセ

キュアな管理によりデータの信頼性向上を担保しつつ，トレーサビリティによる医療データがどのように利用されたか，またはどこまで利用してよいかの個人の権利と透明性を確保し，管理コストの削減を実現することで，情報共有の促進と個人の権利を保護している。主にAI技術と連携することで，データの利活用が進んでいる。

取引形態	以下の参加者間の取引。 • 医療データを提供する患者・個人とデータを利用する行政・大学・企業・医療機関・薬局・製薬会社・保険会社等
運用形態	パブリック，コンソーシアムプライベート
マネタイズ	• プラットフォーム利用による従量課金 • 医療データを提供した個人と医療機関に対して，データ活用組織が利用料を支払う • 商用利用ではなく，国民サービスの一環として提供されている場合もある
実現化状況	海外においては行政機関と連携し，商用化も実現している。日本国内においては実証実験段階が多い。
連携技術	IoTも用いて個人に紐づいて収集・総合化された医療データをもとに，AI技術等との連携によって高度診療を実現している。

⑤　サプライチェーン（消費財・小売・流通・運輸・物流）

　現行の貿易取引においては「契約は多数の取引参加者を含めて締結されるものが多い」，「契約に利用される書類は正本性が高い」，「相手国の求める書式や電子化水準に準拠しなければならない」など，依然として紙や手作業での非効率な事務作業が行われており，デジタル化が進んでいない場合が多い。また，デジタル化が進んでいても企業間をまたいだサプライチェーン全体を通して統合されておらず，寸断されている状態もある。消費財・小売・流通・運輸・物流といったサプライチェーン全

般も同様であり，そのため「食品偽造や製品不具合が発生した際の原因と影響範囲の特定の短時間化」，「人的ミスによるコストの抑制」，「いつ・どこで・誰が・何をしているのかの把握」，「支払におけるリコンサイル業務の煩雑さと差異の解消」という課題がある。

ブロックチェーンはこれらサプライチェーンを可視化するとともに，スマートコントラクトによる契約処理および決済処理の自動化と改竄耐性のドキュメンテーションの管理を容易にすることが期待され，各国各大手企業が主導して主にコンソーシアムを形成している。

取引形態	サプライチェーンにおける決済・取引に関連する参加者間の取引。 ● サプライヤー，製造者，消費者等
運用形態	多数の取引者が参加するためコンソーシアムによる運営が多い。
マネタイズ	● 参加者の作業効率の向上が目的のため収益が発生しない（運営維持コストは持ち合い） ● プラットフォーマー運営者への利用料または従量課金
実現化状況	海外において，大手企業群による商用化
連携技術	IoTデバイスと連携することで，サプライチェーンに関わる全関係者に対してのリアルタイムでの位置情報伝達等による伝達コストの大幅な削減や，複数企業に所属する作業者やドライバーの状況把握，重複報告の負担軽減も実現している。

⑥ 官公庁・公的機関

官公庁や公的機関においては，「各機関で処理されるデータやデータの管理・運用に係るコストの改善」，「行政サービスの処理向上」が主な課題ではあるが，電子化し効率化された後であっても，重要な情報を扱う機関として，従来のPKI（公開鍵基盤）では，「公開鍵」と「秘密鍵」

が必要で暗号化に時間がかかることや，複雑な計算を伴うため負荷が高いこと，サイバー攻撃による中間攻撃等への対応などの新しい課題も発生している。

　ブロックチェーンによる個人認証とその後の行政プロセスをスマートコントラクトで実現することで電子化し，効率化や透明性を高めるとともに，ブロックチェーンのデータのやり取りの安全性，データの改竄耐性，データ共有の容易性という特徴を生かし，主に「データの完全性」を証明できるキーレス署名技術も用いてより高いセキュリティを実現している。

取引形態	個人情報と行政データを共有する国民と行政等の間の取引。
運用形態	行政管理によるプライベート
マネタイズ	行政サービスの一環であるため，商用利用されるものではない。
実現化状況	外国政府により実用化
連携技術	－

⑦　自動車

　コネクティッドカー等も含むMaaS（Mobility as a Service：移動のサービス化）[6]市場は2030年に国内で6.3兆円，2050年に全世界で900兆円に急拡大すると予測されており，車両を介してあらゆる情報が共有され活用される構想においては，個人の権利および共有される情報の信頼性やトレーサビリティが必要であり，以下の課題が想定される。

- サービスごとに本人確認を実施する必要性
- 車両データの透明性・信頼性・トレーサビリティ

6　運営主体を問わずに，IoTも含めた通信技術を活用することで，移動手段を自家用車に限らずサービスとしてシームレスにつないでいくこと。

- サプライチェーンの透明化（偽造／管理コスト／価値証明）
- 環境への影響の軽減（炭素市場における排出量／取引の透明性等）
- 大気汚染監視システムの各種課題

　ブロックチェーンも以下のような価値を発揮することで，MaaS市場の拡大に重要な役割を果たしていると想定されている。

【価値交換】
- MaaSプラットフォーム利用者へのデータ提供やサービス参加への対価としてのトークン発行と少額決済によるトークンエコノミーの実現

【データ記録】
- 個人認証と個人およびMaaS関連交通事業者が収集したデータのトレーサビリティ，改竄耐性，透明性と信頼性を担保

取引形態	サプライチェーンや情報共有につながる参加者間の取引。 ● 個人，メーカー，整備事業者，ディーラー，搬送業者，行政，自動車保険会社等
運用形態	複数企業または単一車体メーカーに紐づく関係組織体によるコンソーシアムまたはパブリック
マネタイズ	実証実験段階であるが，データ対価によるエコシステムと想定
実現化状況	実証実験段階
連携技術	IoTデバイス間の通信連携による情報取得

⑧　重工業・産業機械

　重工業・産業機械産業では，IoT機器のセンサーが計測するデータの正確性については検証が困難である。例えば，伝送経路で静電気や雷，太陽フレアによる磁気嵐等によるデータ化けが起きたり，センサー等の故障が発生した場合は，異常なデータを含む膨大なデータのすべてをクラウドサーバーもしくは制御CPUで判断・処理しなければならない。こ

の膨大な計測データをリアルタイムで処理するとなれば，制御CPUに多大な負荷がかかるため，正確かつリアルタイム性の高い処理を実現するには，センサー側での判断・処理が可能な仕組み作りが課題となる。

　ブロックチェーンで形成されたプラットフォームにおいては，「取引の信頼性」は担保されるものの，ブロックチェーン上で保持される前の「データの信頼性」を担保する必要がある。そのため，IoT機器等にブロックチェーンのチップを組み込むことで，データ発信元の特定と，送信データの保証記録ができる「データを時間ごとにブロックに格納し，改竄検知可能な形式でデータを共有保存すること」で，ブロックチェーンのチップを制御し，CPUとIoT機器のセンサーの間に置くことで，ブロックごとにデータの正確性を保証しながら伝送することを実現した。また，クラウドサーバーや制御CPUでは，伝送経路におけるデータ化け等を迅速に検知し，正確なデータのみを収集するため，制御CPUの負荷を大幅に低減でき，リアルタイム性の向上を実現した。なお，チップにはデータを残すことがなく，デバイスが盗難やハッキングに遭ったとしても，漏洩のおそれはない。

取引形態	IoT機器等による情報取得を必要とする事業者および個人の間の取引。
運用形態	パブリックまたはプライベートと想定
マネタイズ	ブロックチェーンチップのライセンスフィーによる対価を想定
実現化状況	商用実績あり。
連携技術	IoT機器により，データ発信元を特定し，送信データの保証記録をとる。

⑨ 情報通信

本人認証に伴う「本人確認等に伴う情報提供および確認における手間の解消や時間の短縮化」，「紛失・再発行の対応やコストの軽減」，「データ偽造リスクへの対応」等が課題である。

ブロックチェーンの改竄耐性，透明性，信頼性およびトレーサビリティにより，以下を実現している。

- ブロックチェーンの改竄耐性が，記録された署名，ログやデジタルIDの信頼に寄与し，個人情報確認にかかる信用コスト（アナログIDを用いた個人情報確認にかかる時間や手間）を削減。例えば，デジタル身分証明書アプリ，スマホからの簡単なログイン，電子署名，本人確認を行うことができる。
- スマートコントラクトにより，これまでの煩雑であった契約手続を効率化・自動化
- 証明書の内容をブロックチェーンで照合することで，発行履歴の記録，信頼性および透明性を担保。例えば，金融機関の初回本人確認時に，ブロックチェーンに個人情報の改竄を防止する検証用トークンを記録し，本人から個人情報を受け取った金融機関や企業はブロックチェーンに記録された検証用トークンと比較することにより改竄されていないことを確認する。

取引形態	データ取引に参与する事業者・個人・政府の間の取引。
運用形態	連携する顧客の認証システムへAPI等で組み込む技術提供企業によるプライベート等
マネタイズ	ソリューションを導入する事業者や政府から使用料を徴収
実現化状況	企業や地方自治体，教育機関で採用
連携技術	IoT機器による情報取得や画像認識技術による証明情報の信憑性を判断する等

⑩　不 動 産

　不動産売買プロセスは売買当事者にとって複雑で不透明であることが多いことからも，不動産売買時に何度も身元証明や権利証明の手続を行うのは煩雑であり，その負担の解消が課題である。

　ブロックチェーンによる不動産登記証明の信頼性を担保することで，煩雑な権利証明を解消し，スマートコントラクトによる土地登記の更新や不動産売買プロセスの自動化および履歴管理によるトレーサビリティと透明性を担保する。

取引形態	不動産売買プロセスの参加者間の取引。 • 買い手，売り手，弁護士，不動産譲渡取扱人，住宅ローン提供者　等
運用形態	行政および参加者によるコンソーシアム
マネタイズ	行政サービスの一環と想定
実現化状況	海外における実証実験段階
連携技術	不動産売買プロセスの履歴情報からAIによる購買シミュレーション等

(3)　ブロックチェーンビジネスの特徴と潮流

　ブロックチェーンは，業種・産業を越えて応用・適用されうる可能性があるものである。以下では，今回の調査対象とした事例から課題を分類し，ブロックチェーンビジネスの特徴をまとめ，当該ブロックチェーンの導入にあたっての潮流について述べることとする。

①　ブロックチェーンビジネスの特徴

　事例調査の結果，ブロックチェーンビジネスにより解決が期待されている課題には，以下のようなものがあることがわかった。

(i) 参加者の参加意欲の強化と参加者へのインセンティブ提供

(ii) 新たな資産価値の創出

(iii) 不特定多数の参加者による取引とデータの信頼性の担保

(iv) 寸断された処理プロセスの統合とデータの信頼性の担保

(i) 参加者の参加意欲の強化と参加者へのインセンティブ提供

　地域・組織・取組みの活性化と参加者の参加意欲を促すために，インセンティブの設計が必要となる。インセンティブには，例えば以下のようなものがある。

- データ共有や処理プロセスの効率化などにより，参加することそのもので享受できるもの
- 地域・組織・取組みへの対価として，特定の目的や範囲で用いることができる通貨やポイントといった権利や特典に類するものを発行し，提供されるもの

　対価としては，仮想通貨のようなものが想定されるが，仮想通貨と異なり，目的を持った管理主体による対価としてのトークンを発行している事例があった。目的を持った管理主体がいることで，参加者の意欲を促すように当該目的に即したトークンの利用方法を設計することができ，かつ目的に即した還元の仕組みを構築することで「トークンエコノミー」を形成した事例が見受けられる。

(ii) 新たな資産価値の創出

　環境価値の高い電力・余剰電力，医療情報やデジタルコンテンツ等，その需要はありながら供給者が小口にわたり，これまで運用・管理などの中間コストを賄えずに，資産価値として流通しにくい産業構造的な課題がある。

　ブロックチェーンを用いて，例えば，環境価値の高い電力・余剰電力，

医療情報，デジタルコンテンツ等とトークンを紐づけて，P2Pにより仲介者を介することなく，供給者と需要者が直接当事者間で取引できるようにすることで，中間コストの削減と資産価値を持たせている。

　なお，不特定多数の参加者が見込まれるため，当該取引が成立する前提として，参加者の与信や取引されるデータの信頼性担保が必要となるが，それについては，後段で述べることとする。

(iii)　不特定多数の参加者による取引とデータの信頼性の担保

　前述したとおり，不特定多数の参加者における情報共有や取引においては，参加者や当該参加者に紐づく情報に対する実在性や信頼性の担保ができていることが前提となる。例えば，従来から個人または組織の実在性や本人であることを証明するためには，証明先ごとに証明書類の紙面での提出や対面における確認等の煩雑な手続を解消することが課題であった。また，取引される情報については，環境価値のある電力であることを証明するなど情報そのものの信頼性の担保が課題である。特にデジタル化された空間の中で，取引される情報の信頼性と権利者としての個人・組織の参加者とを紐づけて識別して，改竄などのリスクにも対応をしながら，永続的に保持し続ける必要がある。

　ブロックチェーンの改竄耐性が，記録された署名，ログやデジタルIDの信頼に寄与し，本人確認にかかる手間をスマートコントラクトで自動化して削減するとともに，スマホ等から電子署名，本人確認等を行うなどの事例があった。

　また，蓄電池・発電機や計測機にIoTデバイスを搭載し，当該デバイスに直接的にブロックチェーンのチップ等を埋め込むことで，発電の源泉が環境価値の高い電力であることと，上記のように本人確認を経た参加者の電力であることを紐づけて証明することで，情報そのものの信頼性を担保している事例などがあった。

　なお，改竄耐性と取引の信頼性を担保する点については，他に以下のような事例等があった。

- 本人に紐づく個人情報や証明結果などを，金融機関や企業における確認業務に転用することによる効率化や，企業におけるデータ利活用において提供する「個人情報管理サービス」
- 医療情報データの共有と利活用における透明性と改竄耐性の担保
- デジタルコンテンツ等の権利情報の保護と管理効率化
- 行政機関における業務手続の電子化と改竄耐性と信頼性の担保
- 不動産登記証明の信頼性を担保することによる煩雑な権利証明の解消，スマートコントラクトによる土地登記の更新や不動産売買プロセスの自動化および履歴管理　等

(iv)　寸断された処理プロセスの統合とデータの信頼性の担保

　特にサプライチェーンにおける課題として「食品偽造や製品不具合が発生した際の原因と影響範囲の特定の短時間化」，「人的ミスによるコストの抑制」，「いつ・どこで・誰が・何をしているのかの把握」，「支払におけるリコンサイル業務の煩雑さと差異の解消」があった。これは，生産現場から消費者に至るまでに輸送，工場，小売店など複数の業種をまたぎ，かつ，それぞれのプロセスにおいて多種多様なステークホルダーを介するため，プロセスが寸断され，その整合を担保することが困難になることで発生するものと推察される。

　一連のプロセスで発生する情報について，QRコードやIoTデバイスによるデータ取得等も活用しながら，ブロックチェーン上で記録・保持することで，データの信頼性と透明性を担保し，ステークホルダーの非競争分野となるリコンサイルや決済等の事務処理をスマートコントラクトにより自動化することで全体最適化を図っているサプライチェーンマネジメント（以下「SCM」という）の事例があった。

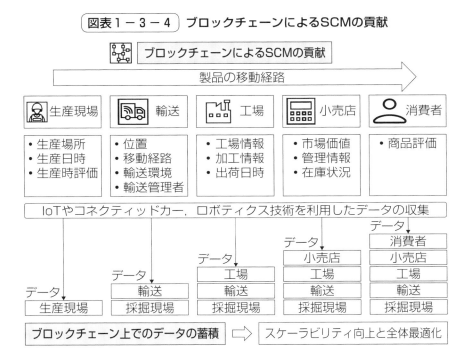

図表1-3-4　ブロックチェーンによるSCMの貢献

　なお，サプライチェーン全体が可視化されていることは，事故や偽造および問題発生時のトレーサビリティにも適用でき，偽造品の排除や効率化などのサプライチェーン全体の健全化にも貢献できる可能性がある。

　参加者全体が参加することそのものでメリットを享受できることからも，広域かつ大企業主導でコンソーシアムが形成されることが多く，特に消費者への直接的な供給者である寡占的な小売店が存在する海外においては実用化されている。

② 非金融分野におけるブロックチェーン導入にあたっての潮流

　非金融分野におけるブロックチェーンの導入にあたっての潮流として，その特性である改竄耐性やビザンチン障害耐性を活かして，従来の

48

RDB（リレーショナルデータベース）等からの置き換えによるデータ
管理・記録を主体とした事例が多い。一方で，従来のRDBのように，
関係するイベント，機能や事業体が増えるたびにシステムやデータが増
え，そのシステムやデータがつながるようにデータモデルやデータ連結
などの複雑な再設計を繰り返すのではなく，ブロックチェーン上に一連
のプロセスを表す識別情報のみを保持・追加し（オンチェーン），関連
する各プロセスや事業体における実態となる具体的な情報と紐づけて外
部で保持する（オフチェーン）ことなどにより，再設計を繰り返すこと
なく，拡張性を持たせることで，柔軟なビジネスモデルを展開している
事例もあった。加えて，当該機能が柔軟に追加できるようなAPIを実装

図表1−3−5　ブロックチェーンの拡張性

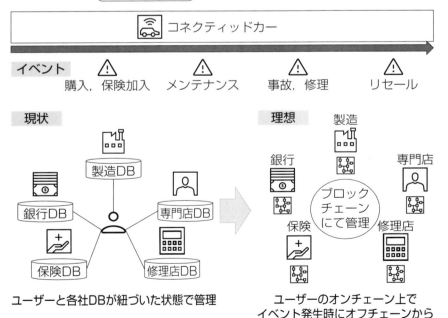

して提供するプロダクトも実用化されつつある。

　また，デジタル化の推進により，不特定多数の参加者や寸断されたプロセスを統合しつつ，ブロックチェーンによる改竄耐性と透明性を担保し，効率化と問題発生時の追跡可能性を実現することで，参加者の利便性に貢献するビジネスモデルも出てきていた。コネクティッドカーなどを含むMaas，サプライチェーン，行政機関など，特に不特定多数の参加者が業種やプロセスをまたぐ場合に，情報を共有し，非競争分野における事務処理を自動化する場合，前述のような拡張性をあらかじめ保持することは必要であろう。

　中間コストの排除と当事者同士での直接取引を促すことで，新たな資産価値を生み出すこともあるが，業種・プロセスをまたいだ情報共有は

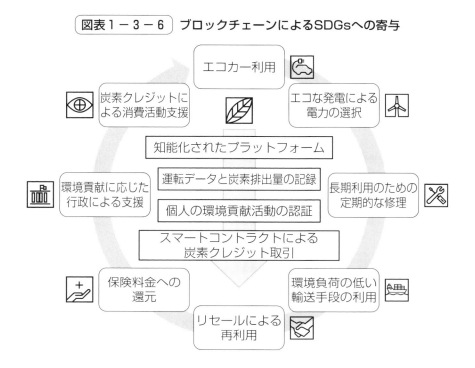

図表1－3－6　ブロックチェーンによるSDGsへの寄与

さらなる価値を生み出す場合もある。例えば，エコカーの利用，環境価値の高い電力の証明と利用や，運転情報等の記録を共有できるプラットフォームにより，個人や企業の環境貢献活動の認証と相対的な炭素クレジット取引による割引，リセールや保険料の値引きなどによるインセンティブ効果の還元などを実現している事例もある。

　権利者の信頼性と透明性が担保された情報を業種・プロセスをまたいで共有することは，互いに関係し合う情報が利活用されることで，各情報の価値も高まる。各情報の価値を高め合うことは，結果として，社会全体を通して，新たな価値の創出につながる可能性がある。前述の例を踏まえると，社会全体が環境価値の高いものに変貌していくことである。

　なお，当該取組みには，大企業をはじめとしたステークホルダーの参画が必要であり，実際に貿易コンソーシアムや広域なコンソーシアムが誕生してきている。

　また，業種・産業間の垣根を越えて情報利活用を促進させるためにも，行政機関による支援および規制緩和や法整備も含めて行政機関そのものの構造改革も必要である。諸外国では，エストニアにおける電子政府をはじめとして，中国においてはブロックチェーンを国家の技術戦略として位置づけて，強力に推進している。日本においても，予定されている「デジタル庁」の発足により進展が進むことが期待される。

関連する諸制度

　第1章で述べているように，決済手段として暗号資産が活用されているだけではなく，暗号資産（仮想通貨）に用いられるブロックチェーン技術を使ったトークンの発行が行われるなど，ブロックチェーン技術を活用したビジネスは拡大しており，暗号資産に関連するビジネスの拡大に合わせて法規制の整備も行われている。

　2017年4月の資金決済に関する法律（以下「資金決済法」という）改正により，暗号資産登録業者は登録制となり（資金決済法62の2），資金決済法の規制を受けることとなった。

　暗号資産の取引が増加し続ける中で，暗号資産の値動きが大きくなり，投機対象として暗号資産を捉える動きが強くなった。また，暗号資産を取り扱う事業者の規模が拡大する一方で，交換業者の体制整備が不十分であることが一因と考えられる暗号資産の流出事件が複数回発生し，顧客保護の要請が高まっていた。さらに，暗号資産自体を取引するだけではなく，暗号資産を対象としたデリバティブ取引が開始されるなど，取引の多様化も進んでいった。

　また，金融活動作業部会（FATF）が2018年10月に採択した勧告（The FATF Recommendation）の15. New TechnologiesおよびGeneral Glossaryにおいて，暗号資産のカストディ業務だけを行う場合でもマネーローンダリング防止とテロ資金供与対策規制の対象とすべきとされた。

　このような背景をもとに，暗号資産に関係するさまざまな問題について制度のあり方を含めて検討するために，「仮想通貨交換業等に関する研究会」が組織され，2018年12月21日に「仮想通貨交換業等に関する研究会報告書」が公表された。これを踏まえた関連法令の改正案が，令和元年5月31日に「情報通信技術の進展に伴う金融取引の多様化に対応するための資金決済に関する法律等の一部を改正する法律」として成立し，令和元年6月7日に令和元年法律第28号として公布され，関連府令と併せて令和2年5月1日に施行された。この法改正には資金決済法だけで

なく金商法の改正も含まれており，暗号資産やセキュリティ・トークンと呼ばれることもある，電子記録移転権利に関する規定が加えられた。この章では，暗号資産に関係する資金決済法および金商法の主な改正点について取り上げる。

第1節 ┃ 資金決済法の主な改正点

⑴ 仮想通貨から暗号資産への呼称変更

　資金決済法改正以前では仮想通貨（Virtual Currency）という用語が使われていたが，今回の法改正により，仮想通貨から暗号資産（Crypto Asset）に変更された（資金決済法2Ⅴ柱書）。これは，暗号資産を示す言葉として，諸外国でVirtual Currencyから，Crypto Assetが使われるようになったことや，法定通貨と誤認されるリスクを考慮したものである。ただし，今回の名称変更によって実質的に意味するところが変わるわけではなく，暗号資産への名称変更が主たる改正の趣旨と考えられている。加えて，第2節で後述する「電子記録移転権利」を表示するもの（セキュリティ・トークン）は暗号資産から除かれることが明文化された（同法2Ⅴ但書）。

⑵ 暗号資産の管理のみを行う業者（カストディ業者）への対応

　改正前の資金決済法では，仮想通貨交換業者が仮想通貨の管理のみを行う場合，仮想通貨交換業を営むことにはならなかった。これについては，前述したとおり，マネーローンダリング対策の必要性が各国で増加していること，また顧客から暗号資産を預かる以上，サイバー攻撃により暗号資産の流出リスクがある点においては，暗号資産交換業者もカストディ業者も同じであることを踏まえて，暗号資産のカストディ業者も暗号資産交換業者に含まれることが明文で規定された（同法2Ⅶ④）。

⑶　利用者暗号資産の管理方法に対する新たな規制

　前述したとおり，前回の資金決済法改正時から今回の資金決済法改正までの間に大規模な暗号資産の流出事件が発生した。暗号資産交換業者が利用者から預かっている暗号資産をインターネットに接続した電子機器（いわゆる「ホットウォレット」）で管理していたが，暗号資産交換業者はこのホットウォレットを狙ったサイバー攻撃を受けて，管理している暗号資産が外部に意図せず流出してしまうというものだった。このことから，ホットウォレットで利用者の暗号資産を管理すること自体が利用者の暗号資産をリスクにさらすことになるため，今回の資金決済法の改正で，利用者の暗号資産を原則として一度もインターネットに接続したことがない電子機器等（いわゆる「コールドウォレット」）で保管することを定めた（利用者の利便の確保および暗号資産交換業の円滑な遂行を図るために必要なものとして内閣府令で定める要件に該当するものを除く。資金決済法63の11，暗号資産府令27Ⅲ）。このコールドウォレットが具体的にどのような機器を指すかについては，暗号資産府令第27条第3項で，「常時インターネットに接続していない電子機器，電磁的記録媒体その他の記録媒体（文書その他の物を含む。）に記録して管理する方法その他これと同等の技術的安全管理措置を講じて管理する方法」と定めており，一度でもインターネットに接続したことのある電子機器等は「常時インターネットに接続していない電子機器等」に該当しないことに留意が必要である（暗号資産事務ガイドラインⅡ－2－2－3－2⑶⑤）。また，利用者の暗号資産の管理を第三者に依頼する場合は，「自己で管理する場合と同等の利用者の保護が確保されていると合理的に認められる方法」（暗号資産府令27Ⅲ②）である必要があることから，自己で利用者の暗号資産を管理する場合と同じようにコールドウォレットでの管理が要求されている。

原則として利用者の暗号資産はコールドウォレットでの管理が規定されているものの，利用者の利便性を考慮して一部の資産はホットウォレットで管理することも容認されている。しかしながら，ホットウォレットで管理するということは，例えばサイバー攻撃を受けることなどによって暗号資産交換業者から暗号資産が流出するリスクも高まるため，ホットウォレットで管理可能な利用者の暗号資産は日本円に換算した金額で計算して5％以下と定められている。これに加えて，**図表2－1－1**のとおり，暗号資産取引業者に対して，ホットウォレットで管理する暗号資産の日本円への換算額と同額の金額の暗号資産交換業者の資産を履行保証暗号資産として暗号資産交換業者の資産と分別管理し，コールドウォレットでの管理を義務づけている（資金決済法63の10の2，暗号資産府令29）。また，この履行保証暗号資産について，暗号資産の管理を利用している利用者は，他の債権者に優先して弁済を受ける権利を有している（資金決済法63の19の2，63の19の3）。

図表2－1－1　履行保証暗号資産

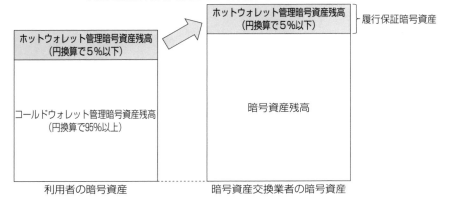

⑷　ICOに関する資金決済法関連の規制

　第1章で概要を説明したとおり，ICOはトークンを販売し，資金調達を行う方法である。このトークンの販売は，発行者が自らトークンを販売する場合と，発行者に代わってトークンを販売する場合とがある。いずれの場合でも，売り出すトークンが資金決済法第2条第5項の暗号資産に該当し，これを業として行うのであれば，この販売行為を行う事業者は暗号資産交換業者に該当する（暗号資産事務ガイドラインⅡ-2-2-8-1）。トークンの販売を行うものが暗号資産交換業者に該当すると定められており，トークンの発行だけを行う行為は基本的には暗号資産交換業に該当しないとされている。

　暗号資産交換業者になると，資金決済法，暗号資産府令や暗号資産事務ガイドラインを遵守する必要がある。また，これら法規制に加えて，JVCEAの自主規制規則についても遵守する必要がある。

　具体的な留意事項として，暗号資産事務ガイドラインⅡ-2-2-8-2「主な着眼点」において，発行者が自らトークンを販売する場合と発行者に代わってトークンを販売する場合と共通して，暗号資産交換業者は，以下の点に留意しなければならない。

① 　トークンの適切性に関する審査
② 　トークン販売時の適切な情報開示
③ 　トークン販売後の継続的な情報開示
④ 　分別管理や開示した資金使途以外の使用禁止
⑤ 　トークンで用いられているシステムの定期的または随時の安全性の検証
⑥ 　トークンの販売価格の審査

　これらに加えて，受託販売型の場合は，上記①，②，⑤および⑥に加え，以下の点に留意が必要とされている。

(a) 発行者の財務状況その他トークンの販売の適否の判断に資する事項の審査体制が整備され，実質的な審査が適切に行われているか。また，審査結果を確実に検証できる体制が整備されているか。

(b) 審査部門の営業部門からの独立性や社内の他の部門との利益相反の有無の検証体制や防止体制が整備されているか。

(c) 発行者による適切な情報開示が行われるよう必要なモニタリングを行い，発行者が開示した情報に利用者が容易にアクセスできるようにするための必要な体制が整備されているか。

(d) 発行者のもとで調達資金の適切な管理が図られるよう必要なモニタリングを行っているか。

(e) 上記(c)および(d)に加え，利用者保護のために必要な措置が図られるよう発行者に対する必要なモニタリングを行っているか。また，発行者が利用者保護のために必要な措置を講じていない場合には，当該トークンの販売を中止するなど適切な措置を実施することとしているか。また，発行者との契約において，当該措置を講じるために必要な権限を定めているか。

　このように，ICOにより暗号資産を販売する暗号資産交換業者が遵守すべき規制は，資金決済法および暗号資産事務ガイドラインにおいて明示されることとなった。これらに加えて，JVCEAの自主規制規則が存在し，遵守する必要があるのである。

(5) システムリスク管理

　上記のとおり，暗号資産を取り扱ううえでは，システムの安定した稼働やサイバー攻撃等外部に備えることが重要であり，暗号資産事務ガイドラインⅡ－2－3－1「システムリスク管理」においても，「暗号資産交換業者はその業務の性質上，インターネットを前提とする高度・複雑な情報システムを有していることが多く，また，暗号資産はブロック

チェーン等に電子的に記録されネットワークで移転できる財産的価値であるため，日々手口が高度化するサイバー攻撃により重要情報に対する不正アクセス，漏えい等のリスクが顕在化している」とされている。また，コンピュータシステムを使うにあたって，外部のサービスを利用していることも多く，委託先であっても自社と変わらない委託先管理体制の整備が求められている。

これらのことから，暗号資産事務ガイドラインⅡ－2－3－1－1において，「経営者がリーダーシップを発揮し，ITと経営戦略を連携させ，企業価値の創出を実現するための仕組みである「ITガバナンス」を適切に機能させることが極めて重要である」と明記され，経営者は暗号資産事務ガイドラインに沿ったITガバナンスを適切に機能させるために主体的に取り組まなければならなくなった。

⑹　分別管理と監査

暗号資産交換業者に対して，暗号資産交換業の利用者の暗号資産を管理する際には，自己の暗号資産と利用者の暗号資産を分別して管理することが要求されており（資金決済法63の11Ⅱ），前述のコールドウォレットでの管理状況も含めて公認会計士または監査法人の監査対象となっている（資金決済法63の11Ⅲ，暗号資産府令28）。この分別管理は，履行保証暗号資産に対しても要求されており（同法63の11の2Ⅰ），併せて公認会計士の分別管理監査を受けなければならないこととされている（同法63の11の2Ⅱ，暗号資産府令29）。

分別管理監査について，今回の資金決済法の改正に合わせて，分別管理に係る合意された手続業務に関する実務指針（専門業務実務指針4461）が改正されている。資金決済法上は「監査」とされているが，同実務指針において分別管理の状況については合意された手続として行われる。詳細は第4節において説明する。

(7)　暗号資産交換業者に対するその他の新たな規制

　今回の資金決済法の改正により，暗号資産交換業者をその会員とする認定資金決済事業者協会（JVCEA）に加入しない法人であって，JVCEA定款その他の規則（暗号資産交換業の利用者の保護または暗号資産交換業の適正かつ確実な遂行に関するものに限る）に準ずる内容の社内規則を作成していないものまたは当該社内規則を遵守するための体制を整備していない事業者は，暗号資産交換業の登録拒否事由に該当し，暗号資産交換業者として登録ができないことになる（資金決済法63の5Ⅵ）。これにより，社内体制が整備されていない事業者が暗号資産交換業者として登録されることを防ぐことができる。また，利用者が事前に実施できる取引内容を把握するために，取り扱う暗号資産の名称または業務の内容および方法は登録制とされているが（同法63の3），これを変更する際には，事前に届け出が必要になった（同法63の6）。

　暗号資産交換業者が過剰な広告を行うと利用者が不利益を受ける可能性があることから，暗号資産交換業者への過剰な広告や勧誘を制限するために，広告で表示しなければならない事項を定めるとともに（同法63の9の2），虚偽表示や過剰な広告・勧誘を禁止している（同法63の9の3）。さらに，利用者が暗号資産の信用取引を行う際には，利用者保護を図る必要があることが定められた（同法63の10）。

第2節 ｜ 金融商品取引法の主な改正点

(1)　電子記録移転権利および電子記録移転有価証券表示権利

　本章冒頭で記載したとおり，今回の金融商品取引法の改正により，電子記録移転権利が導入され，それまでセキュリティ・トークンと呼ばれていたものが金商法上明記され，暗号資産の範囲から除かれたことで，資金決済法ではなく金商法によって規制されることとなった。

　電子記録移転権利とは，金商法第2条第3項柱書によれば，「同条第2項各号の規定により有価証券とみなされる有価証券表示権利であって，電子情報処理組織を用いて移転することができる財産的価値（電子機器その他の物に電子的方法により記録されるものに限る。）に表示されるもの」とされている。「電子情報処理組織を用いて移転することができる」というのは，いわゆるトークンに権利を表示することができるということを意味しており，例えばブロックチェーン上で分散的に管理される台帳上で記録されている権利を，あるウォレットアドレスから他のウォレットアドレスに移転することができることを意味している。

　金商法第2条第2項各号に定められているのは，第2項有価証券と呼ばれるもので，信託の受益権（第1号）や合同会社の社員権（第4号）など，集団投資スキーム持分といった権利であって，国債や株式といった第1項有価証券に比べると流動性は低いものと考えられるが，電子記録移転権利として電子情報処理組織に表示されることにより，表示する権利は第2項有価証券であっても，流通性が高まると考えられるため，電子記録移転権利の場合は第1項有価証券と同様に取り扱われることになった（同法2Ⅲ柱書）。

　改正金商法に伴い施行された金商業等府令第1条第4項第17号，金商

法第29条の２第１項第８号において，電子記録移転有価証券表示権利等が規定された。これは，金商法第２条第２項の規定により有価証券とみなされる権利のうち，電子情報処理組織を用いて移転可能な財産的価値に表示されるものをいう。これは，

① 第２条第２項柱書により有価証券とみなされる権利（有価証券表示権利，第１項有価証券）を電子情報処理組織に電子的に記録した財産的価値に表示するもの

② 電子記録移転権利

③ 電子記録移転権利から定義府令第９条の２により除かれるもの

となり，①〜②は第１項有価証券となり，③は第２項有価証券となる。これらの関係を図示すると以下のとおりである。

図表２−２−１　電子記録移転有価証券表示権利等の範囲

第２条第２項柱書により有価証券とみなされる権利（第１項有価証券）	電子的に記録され電子情報処理組織を用いて移転する財産的価値に表示されているもの	
	有価証券表示権利	
第２条第２項の各権利	電子記録移転権利	電子記録移転権利から定義府令第９条の２により除かれるもの

電子記録移転有価証券表示権利等

この電子記録移転有価証券表示権利等のうち，有価証券表示権利は第１項有価証券としての権利をトークンに表示させたものであるので，第１項有価証券として，募集や開示規則がそのまま適用される。また，電子記録移転権利も前述のとおり第１項有価証券として取り扱われるので，電子記録移転権利についても，金商法に基づいて募集や売出しといった資金調達を行うことが可能になっている。これをセキュリティ・トークン・オファリング（Security Token Offering, 以下「STO」という）と呼ぶこともある。

　電子記録移転権利が第１項有価証券になることにより，他の第１項有価証券と同様に，電子記録移転権利を売り出す場合にも，開示規制（金商法第２章）や金融商品取引業者等への規制（同法第３章）などの金商法の規制が適用されることは変わらず，金商法改正によって電子記録移転権利も金商法の規制を遵守しなければならなくなった。

　STOに類似する行為として，第１節で説明したICOがある。これは，暗号資産を資金調達の手段で用いる場合の資金調達行為であって，資金調達の対象が暗号資産か電子記録移転権利かの違いがあるとされる。STOとICOの比較の詳細は第３節で述べる。

(2)　分別管理

　金融商品取引業者が顧客から預かっている有価証券については，利用者財産を保護するために，金融商品取引業者の財産と分けて管理することが金商法上要求されている（同法43の２）。今回の金商法の改正で導入された，電子記録移転権利を含む電子記録移転有価証券表示権利等は有価証券であるので，金融商品取引業者が取り扱うことになり，その結果，分別管理の対象となる点は他の有価証券と変わらない。しかし，分別管理の対象となるのは電子記録移転有価証券表示権利等とされており，電子記録移転権利よりも広い範囲が対象となっている。

　この電子記録移転有価証券表示権利等を分別する場合の方法については，金商業府令第136条第１項第５号以下で規定されており，より具体的な規定が金融商品取引業者等向けの総合的な監督指針Ⅳ－３－６－６「分別管理に係る留意事項」にある。これらによれば，顧客の電子記録移転有価証券表示権利等を自己で管理する場合に，コールドウォレット，もしくは同等の技術的安全管理措置を用いた管理が原則であり，顧客の利便の確保および金融商品取引業の円滑な遂行を図るために必要な最小限度のみがコールドウォレット以外での管理として認められている。こ

の水準がどの程度かは個別に検討する必要があるとされている。また，一度でもインターネットに接続したことがある電子機器はコールドウォレットに該当しないといった点は，資金決済法と同様である。さらに，電子記録移転有価証券表示権利等は有価証券であるので，議決権等の共益権があることから，金銭的な補償では償いきれない場合にはコールドウォレット以外での管理が認められないなど，有価証券であることを踏まえた制限も規定されている。

　これらの分別管理の状況については，金商法第43条の2第3項において，定期的な公認会計士または監査法人の監査を受けなければならないとされており，日本公認会計士協会業種別委員会実務指針第54号「金融商品取引業者における顧客資産の分別管理の法令遵守に関する保証業務に関する実務指針」に基づいて公認会計士または監査法人の監査が行われている。この監査は保証業務として行われる。詳細は第4節で説明する。

(3)　暗号資産を用いたデリバティブ取引

　暗号資産の取引が拡大していく中で，暗号資産を対象とした証拠金取引が増加し，取引残高として現物を超える残高となっている。このような状況を踏まえて，暗号資産を用いたデリバティブ取引に対する規制が整備された。暗号資産が金融商品に含められたことから（金商法2ⅩⅩⅣ③の2），暗号資産の価格も金融指標となった（金商法2ⅩⅩⅤ①）。これにより，暗号資産を原資産としたデリバティブ取引も金商法の規制対象となり，暗号資産デリバティブ取引を取り扱う暗号資産交換業者は第1種金融商品取引業を業として行うこととなり（同法2Ⅷ④），第1種金融商品取引業者としての規制を受けることになる（同法28）。この結果，例えば顧客から預託された証拠金が分別管理の対象となる（同法43の3）といった顧客保護のための規制が適用されることになる。

⑷　改正点の比較

　ここまで，資金決済法改正に関する規制と金商法の改正によって新た
に規制が加えられた電子記録移転権利について説明してきたが，両者を
比較すると**図表2－2－2**のとおりとなる。暗号資産と電子記録移転権
利では，その性質の違いから根拠法令が異なり，これにより適用される
業規制や監督指針といった事務ガイドラインが異なり，これによって規
制内容が異なっている。

（図表2－2－2） 暗号資産と電子記録移転権利の比較

	暗号資産	電子記録移転権利
根拠法令	資金決済法	金商法
法令上の取扱い	暗号資産	第1項有価証券
業規制	暗号資産交換業者	金融商品取引業者
監督指針・事務ガイドライン	暗号資産事務ガイドライン	金融商品取引業者等向けの総合的な監督指針
自主規制団体	JVCEA	日本STO協会
分別管理	必須	必須
分別管理監査の種類	合意された手続	保証業務

第3節 ICO，STO，暗号資産の会計

　本節においては，前節までで概要を解説したICOおよびSTOの比較を行い，その違いについて解説したうえで，それぞれの会計上の取扱いの検討について，現在の状況をもとに簡単に説明する。また，暗号資産に係る会計処理のガイドラインとしてJVCEAから公表された経理処理例示の会計処理について解説する。

(1)　ICOとSTOの比較

　前節で解説したとおり，ICOおよびSTOはともにブロックチェーン技術を活用してトークンを発行し，法定通貨や流動性の高い暗号資産を調達する資金調達の方法である。2019年5月に金商法および資金決済法の改正が可決され，当該改正法が2020年5月に施行されたため，STOは電子記録移転権利として規定されたセキュリティ・トークンの発行による資金調達として金商法の規制対象となり，また，従来は法規制が整備されていなかったICOが資金決済法の規制対象とされた。ICOで発行されるトークンの情報は，ホワイトペーパーと呼ばれるICOに関する情報を説明した概要書によって公表される一方で，金商法の規制対象となったSTOでは有価証券届出書などによる開示が求められる。さらに，2018年3月にJVCEA，2019年10月に日本STO協会という自主規制団体がそれぞれ設立され，金融庁の認可を受けて認定自主規制団体としてICOおよびSTOに係る規則を公表している。ICOとSTOはともに法律の規制対象となっているが，金商法の規制対象となり有価証券の発行と同様の規制を受けるSTOのほうがより厳しい規制の対象となっており，資金調達コストはICOよりもSTOのほうが高いと考えられる。

図表2-3-1 わが国におけるICOとSTOの比較

	ICO	STO
発行される トークン	暗号資産	電子記録移転権利
関連する法 規制	• 資金決済法 • JVCEAによって定められた規則	• 金融商品取引法 • 日本STO協会によって定められた規則
トークン発行にかかる情報開示	• 発行者に関する情報，トークン保有者に対して負う債務の有無・内容，トークンの販売価格の算定根拠のほか，対象事業にかかる事業計画書，事業の実現可能性等をトークンの販売時に顧客に提供 • 発行者の財務状況，トークンの販売状況，対象事業の進捗状況その他トークンの売買等の判断に影響を及ぼす事項を適切な方法により継続的に開示（暗号資産事務ガイドラインⅡ-2-2-8-2）	有価証券届出書などによる情報開示
自主規制団体	一般社団法人日本暗号資産取引業協会（認定資金決済事業者協会，認定金融商品取引業協会）	一般社団法人日本STO協会（認定金融商品取引業協会）
自主規制団体による規制	新規暗号資産の販売を行う場合にはJVCEAの公表する「新規暗号資産の販売に関する規則」に準拠する必要がある。新規暗号資産の発行自体には規制は設けられていない。	日本STO協会が公表する「電子記録移転権利の募集の取扱い等に関する規則」に準拠する必要がある。

資金調達コスト	金融商品取引法の規制対象となるSTOに比べて規制のハードルが低く，資金調達コストも低いと考えられる。	金融商品取引法の対象になり，第1項有価証券と同様の規制がかかるため，ICOに比べて資金調達コストは高い。

出所：公開情報をもとに筆者作成

(2)　ICOおよびSTOにかかる会計上の取扱いの検討状況

　日本におけるICOおよびSTOにかかる会計上の取扱いについては，ASBJにおいて検討が進められている。2021年1月28日にASBJより公表された「現在開発中の会計基準に関する今後の計画」によると，「金融商品取引法上の「電子記録移転権利」に関する発行・保有等に係る会計上の取扱いについては，2021年3月に公開草案を公表することを目標としている。資金決済法上の「暗号資産」に該当するICOトークンの発行・保有等に係る会計上の取扱いについては，会計上の論点の分析及び基準開発の必要性について，関係者からの意見を募集することを目的とした論点整理を公表する予定である」とされている。現在の計画においては，まずはSTOにかかる会計上の取扱いの検討が優先的に進められており，2021年3月に公開草案の公表を予定，その後にICOにかかる会計上の取扱いの論点整理が公表される予定である。

(3)　「暗号資産取引業における主要な経理処理例示」

　JVCEAは2020年6月12日に，暗号資産に係る適正な会計処理を行うためのガイドラインとして「暗号資産取引業における主要な経理処理例示」（以下「経理処理例示」という）を公表した。暗号資産に関する会計基準としては，2018年3月14日にASBJが実務対応報告第38号「資金決済法における仮想通貨の会計処理等に関する当面の取扱い」（以下「実

務対応報告38号」という）を公表しているが，実務対応報告38号22項に記載のとおり，実務対応報告38号はあくまで当面必要と考えられる最小限の項目に関する会計上の取扱いのみを定めている。経理処理例示は，企業会計基準の設定主体であるASBJにより公表されていないため会計基準を構成しないが，実務対応報告38号が公表された後に形成された実務慣行を踏まえて，暗号資産取引業の認定自主規制団体であるJVCEAが実務の参考とするために暗号資産特有の勘定科目および経理処理方法について示した具体例である。経理処理例示の冒頭に以下の事項が記載されている。

- 取引の前提となる私法上の取扱いが現状では明らかではなく，実際の経理処理を検討する際には判断が必要である。
- 今後，私法上の取扱いが明らかになった際には，記載している経理処理例の内容が変更される可能性がある。
- 経理処理例は一例にすぎず，他に適切な処理があればそれを選択する取扱いもありうる。

　また，ASBJが現在行っている資金決済法に基づく暗号資産に関する発行および保有の会計処理の検討の結果によっては経理処理例の内容が変更される可能性があることに留意する必要があり，実際の経理処理を判断したうえで適用すべきであるとされている。以下では，経理処理例示が対象としている範囲に加え，経理処理の内容について各取引パターンの概要も含めて解説する。

① **範　　囲**

　経理処理例示においては，「暗号資産の交換等に係る経理処理」，「暗号資産のデリバティブ取引に係る経理処理」，「暗号資産の貸借取引に係る経理処理」，「ハードフォークによるスプリット又はエアードロップにより新たに暗号資産を取得した際の経理処理」の４つの取引類型につい

て会計処理の解説を行っている。前述したように，経理処理例示はあくまで会計処理のガイドラインとしてJVCEAより公表されており，会計基準を構成しない。そのため，ICOおよびSTOの会計処理のように，現在ASBJで会計上の取扱いが検討されており，会計基準の公表が予定されている取引については，経理処理例示の対象には含まれていない。また，各取引類型において，税金の処理についても経理処理例示における解説は行われていない。

②　暗号資産取引業に関連する勘定科目とその内容および計上基準

　経理処理例示では，暗号資産取引業に関連する勘定科目について，表示上の大科目および中科目とそれぞれの内容および計上基準について定めている。貸借対照表および損益計算書を作成する際には，一般に公正妥当と認められる企業会計の基準の勘定科目とその内容および計上基準に従ったうえで，経理処理例示に定められた勘定科目への準拠が要求されている。暗号資産取引業に特有の勘定科目としては，暗号資産取引業者が事業を営むうえで自己保有する暗号資産，利用者から預託され自己保有分と区別して管理している暗号資産，デリバティブ取引において証拠金の代用として預託された暗号資産，貸借取引において貸し付けた暗号資産および借り入れた暗号資産，暗号資産の売買および期末の評価替えにおいて発生する損益，ハードフォークやエアードロップによって発生する損益などがある。

図表2－3－2 暗号資産取引業に特有の勘定科目（経理処理例示より一部抜粋）

区分	大科目	中科目
資産	自己保有暗号資産	保管暗号資産
		預け暗号資産
	利用者暗号資産	保管暗号資産
		預け暗号資産
	差入保証暗号資産	
	貸付暗号資産	
負債	自己保有暗号資産	保管暗号資産
		預け暗号資産
	預り暗号資産	利用者からの預り暗号資産
		その他の預り暗号資産
	受入保証暗号資産	
	借入暗号資産	
損益	暗号資産売買等損益	
	新暗号資産発生益	
	暗号資産受贈益	

③　暗号資産の交換等にかかる経理処理

　暗号資産の交換取引とは，暗号資産と法定通貨を交換する取引，または暗号資産と暗号資産を交換する取引である。経理処理例示は暗号資産取引業者における会計処理を前提としたガイドラインとなっており，暗号資産の交換取引は「利用者と暗号資産取引業者の取引」，「利用者同士の取引」，「他の暗号資産取引業者との取引」の3つのパターンに分類される。

（i）利用者と暗号資産取引業者の取引

　利用者と暗号資産取引業者の交換取引は，**図表2－3－3**の①～③の流れで行われる。

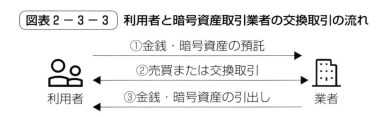

図表2－3－3 利用者と暗号資産取引業者の交換取引の流れ

①金銭・暗号資産の預託
②売買または交換取引
③金銭・暗号資産の引出し

利用者　　　　　　　　　　　　　　　業者

　暗号資産取引業者が利用者から金銭による預託を受けたとき（**図表2－3－3①参照**）には，利用者からの預り金を負債計上したうえで同額を分別管理対象として信託し，利用者区分管理信託を資産計上する。暗号資産による預託を受けたときには，利用者からの預り暗号資産を負債計上したうえで同額を利用者暗号資産として資産計上する。

　暗号資産取引業者が利用者との取引において暗号資産の買付けを行ったとき（**図表2－3－3②参照**）は，買い付けた金額を自己保有暗号資産として資産計上し，同額を利用者暗号資産と利用者からの預り暗号資産から減額する。また，利用者の現預金が増えるため，利用者からの預り金残高が増加するのに加え，利用者区分管理信託に同額を資産計上する。暗号資産の売付けを行ったとき（**図表2－3－3②参照**）は，買付けの場合と反対の仕訳が計上され，取引損益が発生する場合は「暗号資産売買等損益」に計上する。

　利用者が金銭を引き出すとき（**図表2－3－3③参照**）は，利用者からの預り金を減額するとともに，利用者区分管理信託を減額する。利用者が暗号資産を引き出すときは，利用者暗号資産と利用者からの預り暗号資産を減額したうえで，暗号資産取引業者が負担したマイニング

フィーの金額分について自己保有暗号資産（保管暗号資産）を減額し，支払手数料として費用計上する。利用者からマイニングフィーを受け取っている場合は，当該金額をその他の受入手数料に計上する。

図表２－３－４ **利用者と暗号資産取引業者の交換取引にかかる経理処理の仕訳例**

利用者から金銭による預託を受けたとき（図表２－３－３①参照）

借方		貸方	
現預金	×××	利用者からの預り金	×××
利用者区分管理信託	×××	現預金	×××

利用者から暗号資産による預託を受けたとき（図表２－３－３①参照）

借方		貸方	
利用者暗号資産	×××	利用者からの預り暗号資産	×××

暗号資産取引業者が利用者との取引において暗号資産の買付けを行ったとき（図表２－３－３②参照）

借方		貸方	
自己保有暗号資産	×××	現預金	×××
利用者区分管理信託	×××	利用者からの預り金	×××
利用者からの預り暗号資産	×××	利用者暗号資産	×××

暗号資産取引業者が利用者との取引において暗号資産の売付けを行ったとき（図表２－３－３②参照）

借方		貸方	
現預金	×××	自己保有暗号資産	×××
利用者からの預り金	×××	利用者区分管理信託	×××
利用者暗号資産	×××	利用者からの預り暗号資産	×××

利用者が金銭を引き出すとき（図表２－３－３③参照）

借方		貸方	
利用者からの預り金	×××	現預金	×××
現預金	×××	利用者区分管理信託	×××

利用者が暗号資産を引き出すとき（図表２－３－３③参照）

借方		貸方	
利用者からの預り暗号資産	×××	利用者暗号資産	×××
支払手数料	×××	自己保有暗号資産	×××

(ii) 利用者同士の取引

　利用者同士の交換取引は，**図表２－３－５**の①～③の流れで行われる。

　暗号資産取引業者が利用者から金銭による預託を受けたとき（**図表２－３－５①参照**）には，利用者からの預り金を負債計上したうえで同額を分別管理対象として信託し，利用者区分管理信託を資産計上する。暗号資産による預託を受けたときには，利用者からの預り暗号資産を負債計上したうえで同額を利用者暗号資産として資産計上する。

　利用者同士の取引において取引が成立したとき（**図表２－３－５②参照**）は，暗号資産取引業者は取引の当事者とはならず，利用者同士の取引の仲介を行い手数料を受領するのみであるため，自己保有暗号資産と利用者暗号資産の金額は変動せず，受領した手数料を収益計上したうえ

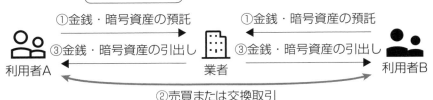

図表２－３－５ 利用者同士の交換取引の流れ

①金銭・暗号資産の預託　　　①金銭・暗号資産の預託
③金銭・暗号資産の引出し　　③金銭・暗号資産の引出し
利用者A　　　　　業者　　　　　利用者B
②売買または交換取引

で同額を利用者からの預り金から減額する処理が行われる。さらに，利用者からの預り金の減少によって分別管理の対象となる金額も減少するため，利用者区分管理信託の金額も減額される。

　利用者が金銭を引き出すとき（**図表2-3-5**③参照）は，利用者からの預り金を減額するとともに，利用者区分管理信託を減額する。利用者が暗号資産を引き出すときは，利用者暗号資産と利用者からの預り暗号資産を減額したうえで，暗号資産取引業者が負担したマイニングフィーの金額分について自己保有暗号資産（保管暗号資産）を減額し，支払手数料として費用計上する。利用者からマイニングフィーを受け取っている場合は，当該金額をその他の受入手数料に計上する。

図表2-3-6　利用者同士の交換取引にかかる経理処理の仕訳例

利用者から金銭による預託を受けたとき（図表2-3-5①参照）

借方		貸方	
現預金	×××	利用者からの預り金	×××
利用者区分管理信託	×××	現預金	×××

利用者から暗号資産による預託を受けたとき（図表2-3-5①参照）

借方		貸方	
利用者暗号資産	×××	利用者からの預り暗号資産	×××

利用者同士において取引が成立したとき（図表2-3-5②参照）

借方		貸方	
利用者からの預り金	×××	委託手数料	×××
現預金	×××	利用者区分管理信託	×××

利用者が金銭を引き出すとき（図表2－3－5③参照）

借方		貸方	
利用者からの預り金	×××	現預金	×××
現預金	×××	利用者区分管理信託	×××

利用者が暗号資産を引き出すとき（図表2－3－5③参照）

借方		貸方	
利用者からの預り暗号資産	×××	利用者暗号資産	×××
支払手数料	×××	自己保有暗号資産	×××

(iii) 他の暗号資産取引業者との取引

　他の暗号資産取引業者との交換取引は，**図表2－3－7**の①～③の流れで行われる。

　他の暗号資産取引業者に金銭を預託したとき（**図表2－3－7①参照**）は預け金を資産計上し，暗号資産を預託したときは自己保有資産（保管暗号資産）を減額したうえで同額を自己保有資産（預け暗号資産）に資産計上する。

　暗号資産取引業者が他の取引業者から暗号資産を買い付けたとき（**図表2－3－7②参照**）には自己保有暗号資産（預け暗号資産）が増加し，売り付けたとき（**図表2－3－7②参照**）は自己保有暗号資産（預け暗号資産）を減少させ，取引損益が発生する場合は「暗号資産売買等損益」に計上する。

図表2－3－7 他の暗号資産取引業者との交換取引の流れ

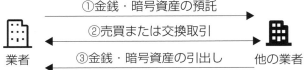

　他の暗号資産取引業者から金銭を引き出すとき（**図表2－3－7**③参照）は預け金を減額し同額を現預金に資産計上し，暗号資産を引き出すときは自己保有資産（預け暗号資産）を減額したうえで同額を自己保有資産（保管暗号資産）に資産計上する。

（**図表2－3－8**）他の暗号資産取引業者との交換取引にかかる経理処理の仕訳例

他の暗号資産取引業者に金銭を預託したとき（図表2－3－7①参照）

借方		貸方	
預け金	×××	現預金	×××

他の暗号資産取引業者に暗号資産を預託したとき（図表2－3－7①参照）

借方		貸方	
自己保有暗号資産 （預け暗号資産）	×××	自己保有暗号資産 （保管暗号資産）	×××

暗号資産取引業者が他の暗号資産取引業者から暗号資産を買い付けたとき（図表2－3－7②参照）

借方		貸方	
自己保有暗号資産 （預け暗号資産）	×××	預け金	×××

暗号資産取引業者が他の暗号資産取引業者に暗号資産を売り付けたとき（図表2－3－7②参照）

借方		貸方	
預け金	×××	自己保有暗号資産 （預け暗号資産）	×××

他の暗号資産取引業者から金銭を引き出すとき（図表2－3－7③参照）

借方		貸方	
現預金	×××	預け金	×××

他の暗号資産取引業者から暗号資産を引き出すとき（図表2－3－7③参照）

借方		貸方	
自己保有暗号資産 （保管暗号資産）	×××	自己保有暗号資産 （預け暗号資産）	×××

(iv)　毎月末および期末の処理

　自己保有暗号資産については，毎月末および期末において洗替え法による評価替えを行い，発生した評価損益は「暗号資産売買等損益」に計上する。また，利用者暗号資産についても同様に評価替えを行い，時価の変動額について「利用者暗号資産」および「利用者からの預り暗号資産」に同額を計上する。

④　暗号資産のデリバティブ取引にかかる経理処理

　経理処理例示では，暗号資産のデリバティブ取引として暗号資産証拠金取引の会計処理が例示されている。暗号資産の証拠金取引とは，証拠金（保証金）を利用し，差金決済取引の方法により暗号資産の売買を行う取引である。レバレッジを利用し，預託した証拠金の金額以上の取引が可能となるため，レバレッジ取引とも呼ばれる。

　暗号資産取引業者は，利用者から証拠金の預託を受けたのちに利用者と証拠金取引を約定し，カバー取引として他の暗号資産取引業者と反対の注文を約定し，利用者との取引および他の暗号資産取引業者とのカバー取引を差金決済するという流れになる。差金決済においては，実際に暗号資産の受渡しは行わず，売買価格差に相当する金銭の受渡しのみを行う。

　利用者から証拠金の預託を受けたとき（**図表2－3－9①参照**）には，受入保証金を負債計上したうえで同額を分別管理対象として信託し，顧客分別金信託に計上する。利用者からの預り金を証拠金として振り替え

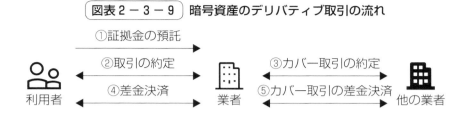

図表2－3－9 暗号資産のデリバティブ取引の流れ

①証拠金の預託
②取引の約定
③カバー取引の約定
④差金決済
⑤カバー取引の差金決済
利用者　業者　他の業者

たときは，利用者からの預り金勘定から受入保証金勘定に振り替える。この場合には，追加の信託義務は発生しないが，すでに信託している金額について利用者区分管理信託から顧客分別金信託への振替えが必要となる。証拠金の代用として暗号資産の預託を受けたときには，受入保証暗号資産を負債計上したうえで同額を利用者暗号資産として資産計上する。利用者からの預り暗号資産を証拠暗号資産として振り替えたときは，利用者からの預り暗号資産勘定から受入保証暗号資産勘定に振り替える。デリバティブ取引において受け入れる証拠金および暗号資産は，交換取引で受け入れる金銭および暗号資産の預託とは異なる勘定科目となるため，注意が必要である。また，分別管理目的で信託した金額についても，資金決済法に基づき信託が求められる交換取引と，金融商品取引法に基づき信託が求められるデリバティブ取引で用いる勘定科目が異なるため，注意が必要である。

　証拠金を受け入れたあとに取引の約定が行われる（**図表2－3－9**②参照）が，約定時には経理処理は行わない。利用者との取引だけではなくカバー取引（**図表2－3－9**③参照）も同様であり，FX取引やスワップ取引など他のデリバティブ取引とも整合した処理である。

　差金決済の処理（**図表2－3－9**④参照）について，利用者との取引において利用者が損失を被った場合は，受入保証金を減額するとともに同額を暗号資産売買等損益として収益計上する。また，証拠金が減額され信託すべき金額も減少するため，顧客分別金信託を減額して現金に振

り替える。利用者との取引において利用者が利益を上げた場合は，受入保証金を増額するとともに同額を暗号資産売買等損益として借方計上する。また，証拠金が増額され信託すべき金額も増加するため，現金から顧客分別金信託へ振り替える。他の暗号資産取引業者とのカバー取引（**図表２－３－９**⑤参照）については，暗号資産取引業者が利益を上げた場合には暗号資産売買等損益として収益計上したうえで，同額を差入保証金に追加計上する。暗号資産取引業者が損失を被った場合には，暗号資産売買等損益を借方計上したうえで，同額を差入保証金から減額する。

　利用者同士の取引を仲介した場合は，交換取引と同様に，暗号資産取引業者は取引の当事者とはならず，利用者同士の取引の仲介を行い手数料を受領するのみであるため，受領した手数料を収益計上したうえで同額を受入保証金から減額する処理が行われる。さらに，受入保証金の減少によって分別管理の対象となる金額も減少するため，顧客分別金信託の金額も減額される。

　月末および期末において未決済の取引がある場合には，デリバティブの時価評価を行い，みなし決済損益を算定する。みなし決済利益の場合には，デリバティブ取引資産と暗号資産売買等損益の収益を認識し，みなし決済損失の場合には，デリバティブ負債と暗号資産売買等損益の借方計上を行う。なお，当該みなし決済損益については，翌月初および翌期首に振り戻す。

図表２－３－10 暗号資産のデリバティブ取引にかかる経理処理の仕訳例

利用者から証拠金の預託を受けたとき（図表２－３－９①参照）

借方		貸方	
現預金	×××	受入保証金	×××
顧客分別金信託	×××	現預金	×××

利用者からの預り金を証拠金として振り替えたとき（図表 2 - 3 - 9 ①参照）

借方		貸方	
利用者からの預り金	×××	受入保証金	×××
顧客分別金信託	×××	利用者区分管理信託	×××

証拠金の代用として暗号資産の預託を受けたとき（図表 2 - 3 - 9 ①参照）

借方		貸方	
利用者暗号資産	×××	受入保証暗号資産	×××

利用者からの預り暗号資産を証拠暗号資産として振り替えたとき（図表 2 - 3 - 9 ①参照）

借方		貸方	
利用者からの預り暗号資産	×××	受入保証暗号資産	×××

取引の約定時（図表 2 - 3 - 9 ②参照）

借方	貸方
仕訳なし	

カバー取引の約定時（図表 2 - 3 - 9 ③参照）

借方	貸方
仕訳なし	

差金決済の処理：利用者との取引において利用者が損失を被った場合（図表 2 - 3 - 9 ④参照）

借方		貸方	
受入保証金	×××	暗号資産売買等損益	×××
現預金	×××	顧客分別金信託	×××

差金決済の処理：利用者との取引において利用者が利益を上げた場合（図表2－3－9④参照）

借方		貸方	
暗号資産売買等損益	×××	受入保証金	×××
顧客分別金信託	×××	現預金	×××

他の暗号資産取引業者とのカバー取引：暗号資産取引業者が利益を上げた場合（図表2－3－9⑤参照）

借方		貸方	
差入保証金	×××	暗号資産売買等損益	×××

他の暗号資産取引業者とのカバー取引：暗号資産取引業者が損失を被った場合（図表2－3－9⑤参照）

借方		貸方	
暗号資産売買等損益	×××	差入保証金	×××

利用者同士の取引を仲介した場合

借方		貸方	
現預金	×××	顧客分別金信託	×××
受入保証金	×××	委託手数料	×××

月末および期末の処理：みなし決済利益の場合

借方		貸方	
デリバティブ取引	×××	暗号資産売買等損益	×××

月末および期末の処理：みなし決済損失の場合

借方		貸方	
暗号資産売買等損益	×××	デリバティブ取引	×××

⑤　暗号資産の貸借取引にかかる経理処理

　経理処理例示においては，暗号資産の貸借取引として利用者へ暗号資産を貸し付ける取引，および利用者から暗号資産を借り入れる取引の会計処理が例示されている。通常の資金貸借取引と同じように，貸借契約の締結，貸付けおよび借入れの実行，返済日における元本の返済という流れで取引が行われる。

　具体的な経理処理としては，契約締結日には経理処理は行わない（**図表2－3－11**①参照）。暗号資産を貸し付けた場合（**図表2－3－11**②参照）には，暗号資産の貸付けが行われた日において，その時点の時価により貸し付けた金額を貸付暗号資産として資産計上し，同額を自己保有暗号資産から減額する。暗号資産を借り入れた場合（**図表2－3－11**②参照）には，暗号資産の借入れが行われた日において，その時点の時価により借り入れた金額を借入暗号資産として負債計上し，同額を自己保有暗号資産に計上する。なお，貸借取引によって借り入れた暗号資産は分別管理の対象ではないため，自己保有暗号資産として計上する取扱いに留意が必要である。

　返済日に貸し付けた暗号資産を回収したとき（**図表2－3－11**③参照）

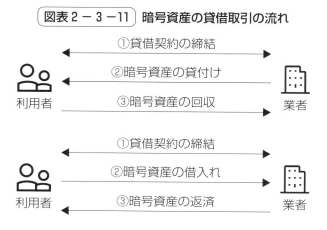

図表2－3－11　暗号資産の貸借取引の流れ

は，貸付暗号資産を取り崩し，自己保有暗号資産を計上する。借り入れた暗号資産を返済したとき（**図表2－3－11**③参照）は，自己保有暗号資産を取り崩し，借入暗号資産も取り崩す。回収または返済したときに取引損益が発生する場合には，暗号資産売買等損益の勘定科目を使って経理処理する。

毎月末および期末においては，貸付暗号資産および借入暗号資産を決算時の暗号資産の市場相場を用いて円換算を行い，洗替えの方法により評価替えを行う。評価損益については暗号資産売買等損益に計上する。ただし，関係会社との貸借取引については，営業活動の一環で行われた取引ではないと考えられるため，関係会社との貸借取引の評価替えで生じた評価損益については，区分して営業外損益に計上する。また，利息については，原則として日割り計算により期間損益を計算し，利息収益または費用を計上する。

図表2－3－12 暗号資産の貸借取引にかかる経理処理の仕訳例

契約締結日の処理（図表2－3－11①参照）

借方	貸方
仕訳なし	

暗号資産を貸し付けたとき（図表2－3－11②参照）

借方		貸方	
貸付暗号資産	×××	自己保有暗号資産	×××

暗号資産を借り入れたとき（図表2－3－11②参照）

借方		貸方	
自己保有暗号資産	×××	借入暗号資産	×××

貸付暗号資産を回収したとき（図表 2 − 3 −11③参照）

借方		貸方	
自己保有暗号資産	×××	貸付暗号資産	×××

借入暗号資産を返済したとき（図表 2 − 3 −11③参照）

借方		貸方	
借入暗号資産	×××	自己保有暗号資産	×××

⑥　ハードフォークによるスプリットまたはエアードロップにより新たに暗号資産を取得した際の経理処理

　経理処理例示において，ハードフォークは「取扱い暗号資産に係るブロックチェーンについてプロトコルの後方互換性・前方互換性のない大規模なアップデート」と定められている。ハードフォークは，簡単にいうと，ブロックチェーンのアップデートによって暗号資産が分裂して，別々の暗号資産に枝分かれすることであり，過去にはビットコインからビットコインキャッシュ，イーサリアムからイーサリアムクラシックといった暗号資産がハードフォークしている。ハードフォークによって新たに暗号資産を取得した際の会計処理については，経理処理例示において仕訳例示は示されておらず，基本的な考え方のみが示されている。

　また，エアードロップは「特定の者が特定の対象者に対し，対象者の保有する暗号資産の残高数量等の一定の基準に従い，暗号資産を配布する行為」と定められている。具体的には，暗号資産取引業者がプロモーションのために顧客に無償で暗号資産を配布する場合などがエアードロップに該当する。エアードロップにより新たに暗号資産を取得した際の経理処理についても仕訳例示は示されておらず，基本的な考え方のみが示されている。

　経理処理例示で示されている基本的な考え方においては，ハード

フォークおよびエアードロップによって生じた新たな暗号資産に係る資産負債の認識時期については，個々の事象に応じて検討を行うとされている。また，不健全な利益が計上されないよう，新たに取得した暗号資産に係る利益が実現するタイミングについて保守的な判断が要求されており，顧客資産の分別管理についても，ハードフォークやエアードロップによって顧客に帰属する暗号資産を暗号資産取引業者が取得した場合など，自己への帰属が明らかではない暗号資産については，保守的な観点より，分別管理が要求されている。

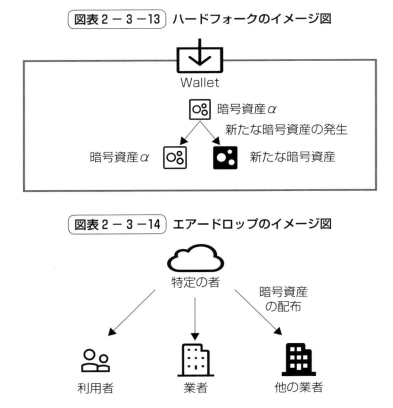

図表2−3−13 ハードフォークのイメージ図

図表2−3−14 エアードロップのイメージ図

⑷　ま　と　め

　ICOおよびSTOについては，ASBJにおいて会計上の取扱いを検討している段階であり，今後，まずはSTOの会計上の取扱いを優先して検討が進められ，2021年3月に公表が予定されている。

　JVCEAの経理処理例示については，あくまで会計基準を構成していないが，暗号資産取引業に関連する勘定科目および経理処理方法について実務慣行を踏まえ具体例を示したガイドラインとして公表されている。暗号資産取引業に関連する勘定科目とその内容および経理処理方法がガイドラインとして示されているため，暗号資産交換業を営む企業間の財務諸表の比較可能性が向上し，利害関係者等の財務諸表利用者にとっての有用性の向上が期待され，暗号資産業界の透明性の向上，発展に寄与すると考えられる。

　暗号資産に関連する事業は比較的新しいビジネスであるため，ビジネスの変化に伴い実務慣行も今後変遷していくことが予想され，当該変化に合わせて経理処理が経済的実態をより適切に反映するように経理処理例示についても検討される必要があると考えられる。また，経理処理例示の対象となっていない取引等についても，今後同様にガイドラインが示される対応が期待される。

第4節 ┃ 資金決済法における暗号資産 交換業に関する監査

(1) 監査制度概要

　暗号資産に関する法的規制を定めている資金決済法においては，「監査」という言葉は，暗号資産交換業者の財務に関する書類に対する監査（同法63の14Ⅲ）と，利用者財産の分別管理の状況に対する監査（同法63の11Ⅲ）という2か所で使用されている。前者は，いわゆる財務諸表監査であり，後者は利用者の預り資産が自己の資産と適切に分別管理されているかを合意された手続により実施した結果を報告するものである。したがって，分別管理監査は，保証業務として実施される監査とはその性質が異なるものであるが，本章においては資金決済法の記載に従い監査と記載する。

　資金決済法に暗号資産交換業に関する財務諸表監査および分別管理監査制度が制定されてから，その後の法令等の改正に合わせて，財務諸表監査および分別管理監査の実務指針についても所要の見直しが行われている。本節では，財務諸表監査と分別管理監査の概要について，それぞれ説明する。

（図表 2 - 4 - 1） 監査実務指針の改正の動向

時　　期	種　　類	名　　　称	公表・改正の背景
2017年 5月31日	分別管 理監査	業種別委員会実務指針第55号「仮想通貨交換業者における利用者財産の分別管理に係る合意された手続業務に関する実務指針」の公表について	2016年6月3日に資金決済法が改正され，仮想通貨の交換を取り扱う業者について登録を義務づけるとともに，仮想通貨交換業者に対して利用者財産の分別管理とその状況に対する公認会計士または監査法人による分別管理監査が求められたことを受けたもの。
2018年 6月29日	財務諸 表監査	業種別委員会実務指針第61号「仮想通貨交換業者の財務諸表監査に関する実務指針」の公表について	2016年6月3日に資金決済法が改正され，仮想通貨交換業者が事業年度ごとに内閣総理大臣へ提出する財務に関する報告書に対して，公認会計士または監査法人の監査報告書を添付することが求められたこと，また，2018年3月14日にASBJから実務対応報告第38号「資金決済法における仮想通貨の会計処理等に関する当面の取扱い」が公表されたことを受けたもの。
2019年 6月20日	分別管 理監査	「専門業務実務指針4461「仮想通貨交換業者における利用者財産の分別管理に係る合意された手続業務に関する実務指針」の改正について」の公表について	主にJVCEAが，2018年10月に資金決済法に基づく認定資金決済事業者協会として認定されたことおよび初年度の実務で把握した課題を踏まえて，所要の見直しを行ったもの。

2020年 1月15日	財務諸表監査	「業種別委員会実務指針第61号「仮想通貨交換業者の財務諸表監査に関する実務指針」の改正について」の公表について	金融庁の「事務ガイドライン（第三分冊：金融会社関係）」が2019年9月3日に改正され即日適用されたこと，およびこれまでの実務を踏まえて，所要の見直しを行ったもの。
	分別管理監査	「専門業務実務指針4461「仮想通貨交換業者における利用者財産の分別管理に係る合意された手続業務に関する実務指針」の改正について」の公表について	
2020年 6月22日	財務諸表監査	「業種別委員会実務指針第61号「仮想通貨交換業者の財務諸表監査に関する実務指針」の改正について」の公表について	改正資金決済法が2020年5月1日に施行されたことを踏まえて，所要の見直しを行ったもの。
	分別管理監査	「専門業務実務指針4461「仮想通貨交換業者における利用者財産の分別管理に係る合意された手続業務に関する実務指針」の改正について」の公表について	

出所：日本公認会計士協会HPより筆者作成

(2) 財務諸表監査の実務指針

① 実務指針概要

　日本公認会計士協会から，暗号資産交換業者の財務諸表監査に関する実務上の指針を提供するものとして，2020年6月22日に業種別委員会実務指針第61号「暗号資産交換業者の財務諸表監査に関する実務指針」の改正（以下「実務指針61号」という）が公表された。本実務指針につい

図表 2 － 4 － 2　実務指針61号の主な改正点

#	主な改正点
1	法令上の用語が「仮想通貨」から「暗号資産」に変更されたため，これに合わせて「仮想通貨」を「暗号資産」に置き換えた。
2	法改正により，「履行保証暗号資産」が新たに規定されたことを受け，関係する項に対応する記載を追加した。
3	法改正により，暗号資産交換業の一類型として，「他人のために暗号資産の管理をすること（当該管理を業として行うことにつき他の法律に特別の規定のある場合を除く。）」（暗号資産カストディ業務）が新たに規定されたことを受け，関係する項に対応する記載を追加した。

出所：日本公認会計士協会ホームページ「業種別委員会実務指針第61号「仮想通貨交換業者の財務諸表監査に関する実務指針の改正」の公表について」（掲載日：2020年 6 月22日）より筆者作成

ては，改正資金決済法が2020年 5 月 1 日に施行されたことを踏まえ，所要の見直しを行ったものである。主な変更点は**図表 2 － 4 － 2** のとおりである。

　本実務指針は，財務諸表監査を実施するにあたり，監査人が，監査基準委員会報告書に記載された要求事項を遵守するために，当該要求事項および適用指針と併せて適用するための指針を示したものである。この実務指針において，監査基準委員会報告書に記載された要求事項に加えて，監査人に新たな要求事項は設けられていないが，監査をするうえで監査人が留意すべき点が含まれていることから，監査を受ける暗号資産交換業者においてもその内容を十分理解しておくことが実務上も有用なものになると考えられる。

　なお，実務指針61号は，暗号資産交換業者の財務諸表監査における実務上の指針を提供しているものであり，暗号資産保有者の財務諸表監査の観点での実務上の指針は含まれていない。

　また，実務対応報告38号においては，自己（自己の関係会社を含む）の発行した資金決済法に規定する暗号資産は，その対象から除かれているが，実務指針61号では，資金決済法に規定するすべての暗号資産を対象としている。そのため，自己（自己の関係会社を含む）の発行した資金決済法に規定する暗号資産も，この実務指針における暗号資産の対象に含まれる点には留意が必要である。なお，自己（自己の関係会社を含む）の発行した資金決済法に規定する暗号資産に関する会計基準の検討状況については，第3節(2)において，現在のASBJの検討状況について述べている。

②　暗号資産交換業者の財務諸表監査の前提

　暗号資産交換業者が取り扱う暗号資産は，通常「パブリック型の」ブロックチェーン等（以下「ブロックチェーン等」という）の電子的記録に記録されている。暗号資産については，財産権などの法律上の権利に基づくかどうかについて議論があり，またブロックチェーン等に記録されていることが必要条件なのかどうかという点も，財産権の議論と切り離せない論点となっている。そもそもブロックチェーン等上の記録が真正なものなのかという根本的なところからの議論もあるが，暗号資産交換業者が，利用者が保有する暗号資産の受入れや引出しを行う場合や，暗号資産交換業者間での取引や自社が保有するブロックチェーン等上のアドレス間での暗号資産の移動などを行う場合には，ブロックチェーン等に記録することになる。ブロックチェーンは，これらの当事者間の取引を履行するための唯一の手段であり，またその履行を確認できる唯一の記録になっている。そのため，暗号資産交換業者の財務諸表監査においては，監査人は通常，暗号資産の取引記録または残高に関する監査証拠としてブロックチェーン等の記録を利用することが前提となり，ブロックチェーン等上の電子的記録を利用することは避けては通れない。

しかしながら，ここで問題となるのは，監査人は，監査を実施する過程で入手する監査証拠について，監査証拠として利用する情報の適合性と信頼性を考慮しなければならない点である。

　この点，実務指針61号は8項において，ブロックチェーンを監査証拠として利用する場合の留意事項を記載している。通常，ブロックチェーン上の記録は暗号資産交換業者の外部で作成される記録であり，また暗号資産に係るブロックチェーン等は特定の管理者が存在しないものもある。したがって，監査人はブロックチェーン等の記録の作成と管理に関する内部統制を評価することができないが，一般的にブロックチェーンには，暗号資産の発行および発行後のアドレス間の移動を伴う取引はすべてブロックチェーン等に記録され，ブロックチェーン等の記録はネットワーク参加者の間で共有され，ネットワークの参加者が相互に監視し合うことでブロックチェーン等の記録の改竄が行われにくい仕組みであると認識されているという特徴を有している。監査人は，これらの特徴を理解し，例えば暗号資産の種類ごとに技術的な仕様等の仕組み，コミュニティによるプログラムのバグの対応状況，流通状況などを考慮して，信頼性について検討するものとされている。パブリック型のブロックチェーンは，オープンソースであり，ネットワーク参加者が相互に監視し合うことで，プログラム上のバグについて改善が図られ機能が維持される仕組みになっていることが想定される。これらの活動が有効に機能していることは，そのブロックチェーン自体の信頼性を相対的に高めることになると考えられる。

　また，取引量が多い暗号資産については，過去から現在に至るまでの参加者による取引の承認（Proof of Work）が多く蓄積されているため，それがその取引記録であるブロックチェーンの記録の信頼性を相対的に高めているものと捉えることができる。ただし，実務指針61号9項においては，監査人がブロックチェーン等の記録そのものについて何ら保証

を与えるものではない点に言及しており，これには留意が必要である。すなわち，監査人による財務諸表監査の目的は，あくまでも暗号資産交換業者の作成する財務諸表の適正性に関する意見を表明することである。そのため，ブロックチェーン等上の情報を監査証拠として利用するものの，暗号資産交換業者が保有または取引する暗号資産およびその基盤となるブロックチェーンの記録の性質，つまりブロックチェーン自体に関して何ら保証を与えているものではない。

③　暗号資産交換業者の業務の特徴からみた監査上の留意事項

　暗号資産交換業者は暗号資産を取り扱うことから，その業務に大きな特徴がみられる。通常，暗号資産はその仕組みとしてブロックチェーンを利用していることから，ブロックチェーンの特徴から派生する監査上の留意事項が考えられるが，この点については次の④にて後述する。ここでは，暗号資産交換業者の業務の内容および性質に対応するために，暗号資産交換業者が構築する業務プロセスの特徴からみた，監査上留意すべき点について検討する。

　暗号資産交換業者の業務は，資金決済法に規定された業務であるが，その業務を実施するにあたっては，その業務の内容および性質から，情報システムを広く利用した業務プロセスを構築していることが想定される。したがって，監査人は財務諸表監査を実施するにあたっては，暗号資産交換業者で利用される情報システムについて，十分に理解することが重要となる。さらに，この情報システムが業務を遂行するために，また財務情報を生成するために，適切にデザインされ，有効に運用されていることを確認する必要がある。情報システムを広く利用している暗号資産交換業者の財務諸表監査においては，通常，情報システムに依拠した監査を実施することが想定される。

　この点について，実務指針61号では21項において，暗号資産交換業の

業務で利用される情報システムとしては，以下のような機能を有するものが想定されることが記載されている。

- 暗号資産の交換および売買取引
- 資金決済法第63条の13に規定される法定帳簿の作成
- 暗号資産の外部との取引および残高の検証（ブロックチェーン等の

図表２－４－３　暗号資産交換業者の業務

行　為	内　容
暗号資産の売買・他の暗号資産との交換	利用者に対して暗号資産の買値および売値を提示し，自ら取引相手となって法定通貨または他の暗号資産と交換を行う場合のほか，取引所における利用者の買注文および売注文を自ら受ける場合，国内外の他の暗号資産交換業者との間で暗号資産の相対取引を行う場合などが含まれる。
暗号資産の売買・他の暗号資産との交換に係る行為の媒介	利用者に取引プラットフォームを提供し，売買の注文を集中させることにより，利用者間の売買を成立させる行為などがある。
取次ぎ・代理	自社の取引システムにおいて，取次ぎ先である外部取引所における注文情報（買呼値および売呼値ならびにそれぞれの数量の情報）を表示させ，利用者から受けた注文を当該外部取引所の取引システムに反映させることで約定させる行為などがある。
カストディ業務	カストディ業務とは，暗号資産の売買等を行わずとも「他人のために暗号資産の管理をすること」である。
上記４つの行為に関する利用者の金銭または暗号資産の管理	通常，利用者の金銭および暗号資産を預かるために，利用者専用の金銭の口座および利用者ごとの暗号資産のアドレスを設定し，管理している。特に，暗号資産のアドレスについては，当該アドレスに紐づく秘密鍵等を管理している。

記録上への取引の記録，当該記録された取引データおよび残高情報の取得，当該取引データおよび残高情報の閲覧のための各暗号資産のブロックチェーン等の記録の種類に対応したシステム等）

• 職務分掌を担保するアクセス・セキュリティ

監査人は，監査に関連する内部統制を理解しなければならないこととされているが（監基報315第11項），暗号資産交換業者の財務諸表監査におけるリスク評価手続を実施するにあたっては，上記の暗号資産交換業の業務で利用される情報システムについて理解しなければならないとされている（実務指針61号20項）。暗号資産交換業者は，事務ガイドラインにおいて，システムリスク管理の観点からも十分な態勢を構築することが求められているが，財務諸表監査の観点からもIT全社統制，情報システムを利用した業務処理統制について，適切に整備し，運用していくことが求められる。

④ 暗号資産およびブロックチェーンの特徴からみた監査上の留意事項

暗号資産はブロックチェーンを利用しており，財務諸表監査上，特に注意すべきなのはアドレスおよび暗号鍵の仕組みと考えられる。ビットコインを例にとると，アドレスは公開鍵になっており，アドレスとアドレスから生成される暗号鍵を利用することで，アドレスへのビットコインの送金が可能となっている。アドレスと暗号鍵を保有する者がそのアドレスに記録されたビットコインの保有者になることができるが，単にアドレスを知っている，暗号鍵を持っているだけでは保有者とはいえず，また暗号鍵を紛失，流失してしまった場合には真の保有者ということもできなくなる。また，暗号資産はハードフォークと呼ばれる取扱暗号資産にかかるブロックチェーンについてプロトコルの後方互換性および前方互換性のない大規模なアップデートが行われることによる分裂が起きる可能性も秘めている。この場合，ある暗号資産の保有者が，自動的に

別の暗号資産の保有者に切り替わるという事象が生じる。

　また，暗号資産自体についても，その価格変動のボラティリティが高いことが確認されている。さらに，国や地域，また同じ地域内での取引所においても価格差が存在する場合もある。さらに，ハードフォークのようにある日突然，新たな暗号資産が誕生し，財産的価値が大きく変動するというような事象も発生している。

　暗号資産交換業者は，このような特徴を有する暗号資産を取り扱い，ブロックチェーンを利用しているため，暗号資産交換業者の財務諸表監査を実施するにあたり，実務指針61号ではいくつかの留意事項に触れている。例えば，15項において，考慮すべき暗号資産交換業者の規制環境，事業特性，事業上のリスクについて，また，16項において，暗号資産交換業者に特有のアサーション・レベルの重要な虚偽表示リスクについて，それぞれ例示されている。

図表2－4－4 暗号資産交換業者の規制環境，事業特性，事業上のリスク

#	内　　容
(1)	暗号資産交換業者が遵守しなければならない規制として，資金決済法，内閣府令，ガイドラインおよび自主規制規則が挙げられるが，企業のビジネスの発展や新しい規制の導入により遵守しなければならない規制の変更等が生じることがある。また，暗号資産取引に係る規制は，国によってさまざまであり，企業のビジネスの状況によっては海外における規制の変更等に影響を受ける場合もある。
(2)	暗号資産交換業者が適用する財務報告の枠組みが，わが国において一般に公正妥当と認められる企業会計の基準の場合，暗号資産にかかる会計基準および開示の基準として実務対応報告38号が挙げられるが，この改正や新たな基準が公表される可能性もある。また，実務対応報告38号3項において，実務対応報告の対象外とされている自己（自己の関係会社を含む）の発行した資金決済法に規定する暗号資産にかかる会計処理については，別途の検討を行うことになる。

(3)	暗号資産交換業者の一連の取引は，取引システムにおいて自動化されており，取次ぎ先の取引所等の外部システムとの不整合や，内部会計システムとの業務処理過程の不整合がリスクとなりうる。
(4)	暗号資産の取引は，暗号資産交換業者の利用者が保有する暗号資産を受け入れ，または引き出し，暗号資産交換業者間での取引（暗号資産の差入れまたは引出しおよび相対での売買を含むが，他の暗号資産交換業者が運営する暗号資産販売所における売買は含まない），自社が保有するアドレス間での暗号資産の移動などを行う際にブロックチェーン等に記録される。一方で，暗号資産交換業者が，その運営する暗号資産販売所において，利用者に対して暗号資産の買値および売値を提示し，自ら取引相手となって法定通貨または他の暗号資産と交換を行う場合のほか，取引所における利用者の買注文および売注文を自ら受ける場合には，これらの取引は取引システム上のみで記録され，ブロックチェーン等に記録されない。また，暗号資産交換業者が，その運営する暗号資産取引所において，利用者に取引プラットフォームを提供し，売買の注文を集中させることにより，利用者間の売買を成立させる場合に，利用者間の売買記録はブロックチェーン等に記録されない。
(5)	暗号資産交換業者が業務の一部を第三者に委託する（再委託を含む）場合，委託会社による受託会社の外部委託先選定・管理・信頼性評価が十分に行われないことに起因して，委託業務が適切に行われないリスクがある。また，自動化された取引システム等にクラウドサービス等の外部サービスを利用している場合があり，外部サービスとのネットワークおよびセキュリティの設計・管理・モニタリングが十分に行われない場合には，秘密鍵や重要情報が漏洩，滅失または毀損するリスクがある。
(6)	暗号資産交換業者において，取引時確認等の措置（犯罪による収益の移転防止に関する法律に基づく取引時確認，取引記録等の保存，疑わしい取引の届出等）が不十分であることが原因で，テロ資金供与やマネー・ローンダリングといった組織犯罪等に利用されるリスクがある。
(7)	秘匿性の高いブロックチェーンを利用した場合，取引記録が確認できないリスクがある。

(8)	ICOで発行されるトークン保有者の権利内容が不明確であったり，資金調達の目的となる事業の実現可能性等のスクリーニングや必要な情報開示が行われず，詐欺的な事案や事業計画が杜撰な事案が発生するリスクがある。また，トークンに利用されるブロックチェーンやスマートコントラクトなどの改竄やプログラムバグが発生するリスクがある。
(9)	プロトコルの後方互換性・前方互換性のない大規模なアップデートによるブロックチェーンの分岐（スプリット）により保有する暗号資産が異なる種類の暗号資産に分裂するハードフォークと呼ばれる事象や，特定の暗号資産を指定されたウォレットや取引所で保有する場合等に暗号資産が配布されるエアードロップと呼ばれる事象の発生等により，当初は想定しなかった価値および数量の変動が生じる可能性があり，暗号資産の実在性および暗号資産の評価に影響がある。

出所：実務指針61号15項をもとに作成

図表2-4-5　暗号資産交換業者に特有のアサーション・レベルの重要な虚偽表示リスク

#	内　　容
(1)	**収益の発生** ブロックチェーン等の記録からはアドレスの所有者を直接特定する情報が取得できない特性を利用し，帳簿上自己のものとして認識していないアドレスを作成し，当該アドレスに簿外の暗号資産を保管するリスクがある。さらに，その簿外のアドレスを用いて第三者との取引を偽装することで，収益を過大に計上するリスクがある。
(2)	**収益の発生** 分別管理が適切に行われていない場合，預かった利用者資産を自己資産と認識することにより，収益を過大に計上するリスクがある。例えば，自己取引により生じた多額の評価損（含み損）を，利用者口座残高に付け替えることで評価損を過少に計上する，または暗号資産の時価が上昇している場合に，利用者口座残高を自己に付け替えることで評価益を過大計上するリスクがある。

(3)	**暗号資産の実在性** 外部者からのハッキング等により秘密鍵等に関する情報が流出し，暗号資産が盗用されるリスクがある。また，内部者が単独または共謀して，暗号資産を横領するリスクがある。さらに，秘密鍵等自体を紛失した場合には，移転することができない暗号資産が生じることになり，暗号資産が消失することと同様の結果になるため，保有する暗号資産の実在性に影響がある。
(4)	**暗号資産の評価** 暗号資産交換業者が暗号資産を保有する場合，価格変動リスクや流動性リスクを負うことになる。複数の取引所で取り扱われている暗号資産は，各取引所における取引ボリュームの違い等から一時点における価格水準（買呼値・売呼値，最終取引価格）に相当の開きが見られることがある。そのため，自己の運営する暗号資産販売所において，利用者に対し買値および売値を提供する場合など，期末時点の時価として採用するべき単価を意図的に操作される可能性があり，暗号資産の評価に影響がある。かかる意図的な価格操作のリスクは，各取引所での価格水準に開きが生じやすい流動性の低い暗号資産の評価において特に留意する。

出所：実務指針61号16項をもとに作成

　監査人はこれらのリスクに対して，財務諸表にどのような影響があるかを検討し，監査手続を立案していくこととなるが，暗号資産交換業者においては，これらの想定されるリスクに対応する内部統制が整備・運用されていることが期待される。実務指針61号では，付録2において，暗号資産交換業者において想定される内部統制としてその具体例を示している。例示されている内部統制については，すべてが整備・運用されていることを求めているものではないが，少なくとも監査人が監査を実施するうえで理解することを必要とするものであると考えられるため，暗号資産交換業者において，構築することが望ましい内部統制の事例であると考えられる。

⑤　暗号資産交換業者の特別な検討を必要とするリスク

　上記の④で触れた暗号資産やブロックチェーンの特徴，また監査における リスク評価の留意事項から，実務指針61号では，以下の 3 つのアサーション・レベルの重要な虚偽表示リスクが，特別な検討を必要とするリスクであるかどうかを検討しなければならないとされている。なお，特別な検討を必要とするリスクとは，監査人が企業および企業環境の理解を通じて，識別し評価した重要な虚偽表示リスクの中で，特別な監査上の検討が必要であると監査人が判断したリスクをいう。

　　**図表 2 － 4 － 6 ** 特別な検討を必要とするリスクの例示

#	特別な検討を必要とするリスク
1	収益の発生
2	暗号資産の実在性
3	暗号資産の評価

出所：実務指針61号23項

　また，実務指針61号においては，それぞれのリスクに対応する実証手続の具体例を付録 3 ～ 5 において示している。

⑥　会計処理の検討に関する留意事項

　実務対応報告38号は，自己（自己の関係会社を含む）の発行した資金決済法に規定する暗号資産については，5 項から15項における会計処理の対象外としている。一方，実務指針61号では資金決済法に規定する暗号資産を対象としているため，26項および27項にその留意事項を記載している。

　特に監査人は，自己（自己の関係会社を含む）の発行した資金決済法に規定する暗号資産については，その会計処理が実務対応報告において

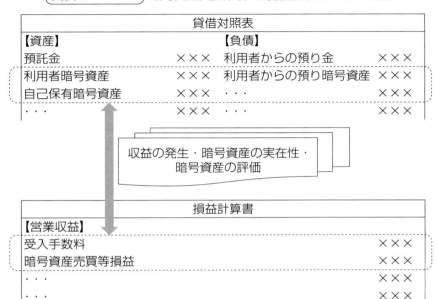

図表2－4－7 暗号資産交換業者の財務諸表とリスクの関係

は規定されていないため，暗号資産交換業者が採用した会計処理が妥当であるかどうかを検討する必要がある点には留意が必要である。暗号資産交換業者が採用した会計方針が，その会計事象や取引の実態を適切に反映するものであるかどうかについて監査人が自己の判断で評価しなければならないことになる。

さらに，財務諸表の利用者が適切な判断を行うために必要と認められる部分については，暗号資産交換業者が採用している会計処理が適切に開示されているかという点についても留意が必要である。そのため，財務諸表の利用者が適正な判断を行うために必要と認められる場合には，実務対応報告において注記が要求されている事項以外においても，追加の開示等が必要ないか，および会計処理の方法やその他の方法の説明情報が適切かの検討を実施する必要がある点に留意が必要である。

⑦　**今後の課題**

　以上，暗号資産交換業者の財務諸表監査について述べてきた。現時点においては暗号資産の会計処理等を規定しているものとしては，実務対応報告38号とJVCEAから公表された経理処理例示が存在するが，自己の発行した暗号資産については，会計基準が示されていない。そのため，監査人が暗号資産交換業者が適用する会計処理の方法およびその他の説明情報が適切か否かを検討しなければならない。また，ブロックチェーンの記録を監査証拠として利用する場合についても，パブリック型，プライベート型，コンソーシアム型等の種類があり，仕組みもさまざまであることが想定されることから，その検証手段についても監査人が個々に判断する必要がある。

　このように，暗号資産，ブロックチェーン等の発展途上の技術を基礎としたビジネスである暗号資産交換業に対する監査手続が確立されていないことから，同じ状況であっても監査人によって判断が分かれる可能性があるという課題は依然として存在すると考えられる。上記の課題については，今後，監査実務が蓄積するに従い，監査人による判断のバラツキも解消されていくものと考えられる。

(3)　資金決済法に関する暗号資産の分別管理監査

①　**分別管理監査実務指針の概要**

　わが国においては，利用者保護の観点から，利用者の資産と暗号資産交換業者の自己の資産を明確に区分し，ただちに判別できるように管理したうえで，当該管理の状況について，公認会計士または監査法人による外部監査（以下「分別管理監査」という）が求められている。(1)で述べたとおり，分別管理監査は，合意された手続により実施されるものである。したがって，保証業務として実施される監査とは性質が異なるものであるが，資金決済法の記載に沿って監査と記載する。分別管理監査

を合意された手続業務により実施する場合の実務指針として日本公認会
計士協会から，2020年6月22日に専門業務実務指針4461「暗号資産交換
業者における利用者財産及び履行保証暗号資産の分別管理に係る合意さ
れた手続業務に関する実務指針」（以下「専門業務実務指針4461」という）
が新たに公表されている。なお，今回の改正は，資金決済法の改正に合
わせて，主に以下のような点が改正されたものである。

（図表２－４－８）専門業務実務指針4461の主な改正点

#	主な改正点
1	法令上の用語が「仮想通貨」から「暗号資産」に変更されるため，これに合わせて「仮想通貨」を「暗号資産」に置き換えた。
2	法改正により，利用者財産だけでなく，履行保証暗号資産の分別管理の状況についても公認会計士等による監査の対象に含まれることとなるため，関係する項に対応する記載を追加した。
3	法改正を受けて関係する内閣府令および金融庁の「事務ガイドライン（第三分冊：金融会社関係）」も改正されたことに伴い，対応する箇所について修正や記載の追加を行った。

出所：日本公認会計士協会ホームページ「専門業務実務指針4461「仮想通貨交換
　　　業者における利用者財産の分別管理に係る合意された手続に関する実務指
　　　針」の改正について」および「公開草案に対するコメントの概要及び対応」
　　　の公表について」（掲載日：2020年6月22日）より筆者作成

　なお，分別管理とは，暗号資産交換業者がその業務を行うにあたり，
利用者から金銭や暗号資産の預託を受ける場合には，当該利用者の金銭
または暗号資産を自己の金銭または暗号資産と分別して管理することで
ある（資金決済法63の11）。これは，主に暗号資産交換業者による資金
の流用やカバー取引等による自己売買の損失により，利用者から預かっ
た資産が消失するリスクに対応するため，暗号資産交換業者に義務づけ
られた規制である。

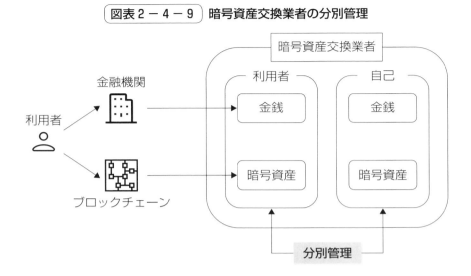

図表2－4－9 暗号資産交換業者の分別管理

なお，分別管理規制は，あくまで暗号資産交換業者に分別管理を義務づけたものであり，暗号資産交換業者が破綻した場合にその預託した資産がすべて戻ってくることを保証した制度ではないことにつき，留意が必要である。また，公認会計士または監査法人による分別管理監査の実施にあたり，業務依頼者たる暗号資産交換業者の経営者は分別管理の状況，すなわち分別管理の法令遵守およびその内部統制の整備・運用の状況について責任を認識し，評価していることが前提となる。具体的には，JVCEAより公表された「会員における利用者財産等の分別管理のチェック項目及びチェックポイント」等を利用し，また，基準日時点の分別管理の状況を確かめることにより，分別管理の法令遵守およびその内部統制の整備・運用の状況を評価することが想定されている。

② **合意された手続業務**

　資金決済法第63条の11第3項では，暗号資産交換業者は，公認会計士

または監査法人の「監査」を受けることが義務づけられているが，分別管理監査は「合意された手続業務」として実施されることになる。ここで，「合意された手続業務」は，保証業務における証拠収集手続と類似した手続が業務実施者により実施されるものの，結論の基礎となる十分かつ適切な証拠を入手することを目的とはしておらず，保証業務とはその性質を異にするものである。合意された手続業務において，業務実施者は重要性の概念の適用やリスク評価に基づく手続の決定は行わない。また，業務実施者の報告に基づき実施結果の利用者が不適切な結論を導くリスクの評価や，当該リスクを許容可能な水準に抑えるために入手した証拠が十分かつ適切か否かの評価等も行わない。そのため，合意された手続に関する業務実施者の報告は，分別管理の状況についての「手続実施結果を事実に則して報告する」のみにとどまり，手続実施結果から導かれる結論の報告も保証も提供しない。つまり，「合意された手続業務」として実施される分別管理の基準日における分別管理の法令遵守について結論を表明するのではなく，暗号資産交換業者と合意した手続の結果を報告するのみである点に留意が必要である。

③　実施する手続

　暗号資産交換業者の分別管理の状況について，業務実施者は主に，業務依頼者の経営者が，JVCEAの公表した「会員における利用者財産の分別管理のチェック項目及びチェックポイント」等を利用して実施した評価の結果に基づき，質問，閲覧等を行うことや基準日時点の分別管理の状況を表す資料（基礎シートやデータ等）を入手し，閲覧，再計算，照合等を行う等の手続を立案し，実施することになる。具体的には，専門業務実務指針4461《付録１　暗号資産交換業者における利用者財産及び履行保証暗号資産の分別管理に係る独立業務実施者の合意された手続実施結果報告書の文例》の「別紙「暗号資産交換業者における利用者財

産及び履行保証暗号資産の分別管理に係る合意された手続実施結果」」
を参考に手続を実施することが想定される。上記においては，分別管理
に関する全般的事項，金銭の分別管理（全般的事項，利用者区分管理信
託），暗号資産の分別管理，ITに関する全般的事項，分別管理にかかる
ITの管理の項目ごとに，合意された手続が例示されている。

④　報　　告

　本業務における実施結果報告書の表題は，暗号資産交換業者に関する
内閣府令第28条第 2 項で独立性が求められているため，「暗号資産交換
業者における利用者財産及び履行保証暗号資産の分別管理に係る独立業
務実施者の合意された手続実施結果報告書」となる（専門業務実務指針
4400「合意された手続業務に関する実務指針」29項参照）。また，本業
務における実施結果報告書は，暗号資産交換業者が資金決済法第63条の
11第 3 項および第63条の11の 2 第 2 項の規定を遵守するために利用する
ことのみを目的として作成されるものである。そのため，手続の目的等
を十分に理解して，手続等に合意した関係者のみに配布および利用が想
定されていることから，会社およびその他の実施結果の利用者以外の者
に対する配布および利用が制限され，その旨が記載されることとなる。

(4)　ブロックチェーンに関する保証業務の実務指針

　2021年 2 月，日本公認会計士協会よりブロックチェーンを対象にした
保証業務に関する指針「非パブリック型のブロックチェーンを活用した
受託業務に係る内部統制の保証報告書に関する実務指針」の草案が公表
された。本書執筆時点では草案段階となるため，簡便な記載ではあるが，
本項にて紹介する。

①　保証業務実務指針の概要

　クラウドサービスの活性化や情報システムの開発・保守・運用，重要なビジネスプロセスの外部委託の拡大に伴い，業務を受託する側への情報セキュリティや受託業務の品質などのリスク管理態勢や内部統制の高度化要求が高まっている。そして，それら高まりとともに外部へその要求事項を証明する必要性も増していることから，監査法人や公認会計士が独立した第三者の立場から客観的に一定の基準に基づき証明する報告書制度が存在する。これは，日本公認会計士協会に準ずると「受託会社の内部統制に係る保証報告書」と呼ばれるものであり，米国公認会計士協会に準ずるとReporting on Service Organization's Control（SOCレポート）と呼ばれるものである（概要は**図表2－4－10**参照）。なお，以降では便宜的に，保証業務実務指針の保証報告書も含めてSOCレポートと呼称する。

　SOCレポートは，本来，業務を受託する側が委託先へと財務報告に関する内部統制の信頼性を証明する目的で制定されたものであるが，財務

図表2－4－10 SOCレポートの概要

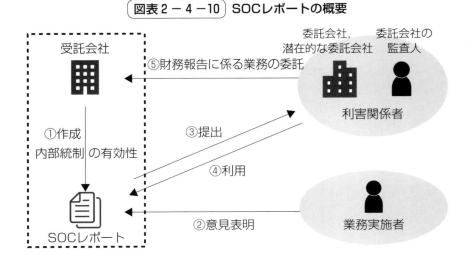

報告以外の目的で利用するケースも踏まえSOC1，SOC2，SOC3といっ
た３つの種類に大別される（詳細は**図表２−４−11**参照）。今回公表さ
れた草案は，SOC1に分類されるものであり，従来から制定されていた
日本公認会計士協会保証業務実務指針3402「受託業務に係る内部統制の
保証報告書に関する実務指針」を基礎に，コンソーシアム型・プライ
ベート型双方のブロックチェーンサービスに特化して考慮事項や適用指
針を定めたものとなっている。暗号資産に特化したものではなく，パブ
リック型を除くブロックチェーンを利用したサービス全体に対して適用
される指針であり，草案単体ではなく，基礎となっている保証業務実務
指針3402に付加して用いる必要性がある点に留意が必要である。

図表２−４−11 SOCレポートの種類

カテゴリー	主題	実施基準	規準	想定利用者
SOC1	受託会社の財務報告に係る内部統制	日本基準：保証業務実務指針3402 米国基準：AT-C 205 &320 国際基準：ISAE3402	• 左記の実施基準の要求事項を満たした規準	受託会社，委託会社，委託会社の監査人
SOC2	受託業務のセキュリティ・可用性・処理のインテグリティ・機密保持に係る内部統制	日本基準：IT委員会実務指針第７号 米国基準：AT-C 205	• IT７号付録４ • Trust Services Principles and Criteria (AIC-PA)	委託会社，潜在的な委託会社，委託会社の監査人，委託会社または受託会社に係る規制当局等

| SOC3 | | 日本基準：IT委員会報告第2号
米国基準：AT-C 205 | • Trust Service Principles and Criteria for Certification Authorities（AICPA）
• WebTrust for Certification － SSL Baseline with Network Security Requirements Audit Criteria（AICPA）
• WebTrust Principles and Criteria for Certification Authorities-Extended Validation SSL（AICPA） | 不特定多数の利用者 |

② ブロックチェーン固有の検討事項

　ブロックチェーンの特性を踏まえた固有の論点を以下に例示する。技術的な特性については第3章にて取り扱っていることから，本項では，草案上SOC REPORTの発行にあたって考慮すべきポイントの紹介にとどめる。

(i) 保証業務の範囲

　これまでのシステムでは，開発・保守・運用を担うベンダーが複数関与する場合であっても，委託元から業務を受託する会社は単一であるこ

とが多く，結果として委託会社と受託会社間の関係性は1対1となる傾向があった。しかしながら，ブロックチェーンの場合，チェーンを構成するノードの種類（リーダーノード・承認ノード・非承認ノード），鍵の管理，ウォレットの管理，そして各システムのアプリケーション・OS・ミドルウェア・物理基盤といった多様なレイヤーで当事者が登場するほか，専門性に特化した並列的な関係性が構築されることが多く，委託会社と受託会社間の関係性は1対多となる傾向にある。このため，ブロックチェーン全体のシステム構成や管理体制を踏まえたうえで，一部の事業者のみを受託会社として選定する，もしくは特定の複数の事業者を受託会社として選定するといった検討が必要になってくる。

(ii)　システムの理解・評価

　ブロックチェーンにおける基盤技術（ブロック生成に係るハッシュ関数，電子署名技術等）を理解し，付随する技術特性に合わせた内部統制の評価が必要となる。ブロックチェーンは，高可用性・改竄耐性・ビザンチン障害耐性・追跡可能性といった技術的なメリットがある反面，それら技術特性を持つシステムが適切に管理され，意図しないデータの改竄や漏洩を防ぐ体制になっていることを内部統制によって担保できなければ，技術的なメリットが適正に運用され信頼性のある状態にあることは保証できない。このため，草案では，以下に記載する事項について理解することを強く求めており，理解の結果に応じた評価の実施を求めている。

- ブロックチェーンにおける基盤技術（ブロック生成に係るハッシュ関数，電子署名技術等）を理解し，これらが危殆化していないこと
- ブロックチェーンにおける各ノードの役割，どのように取引が承認され記録されるのか，およびその合意に至るコンセンサスアルゴリズム

- コンセンサスアルゴリズムにおけるファイナリティの条件
- 各ノード間のデータの同期のタイミング，および各ノードが保持しているデータが異なる可能性

また，前述した技術的な特性だけではなく，以下に記載する事項のように，データの所有や情報の信頼性を担保するうえで重要な役割を果たすシステムの理解と内部統制の評価の必要性の検討が求められている。

- ウォレットや秘密鍵を担うシステム，およびそれらを保管・管理しているセキュリティ体制・仕組み
- ブロックチェーンのデータを閲覧または入手するためのプログラム等の仕組み

これは，ブロックチェーン上に書き込まれたデータ，特にデジタル資産の所有権を示す情報そのものが，秘密鍵を利用した署名行為によって真贋性が証明されるためであり，ブロックチェーンを構成するノード単体だけではなく，データの読み書きをする際の手段も重要性を持つためである。そして，この手段はブロックチェーンへのデータの書込みだけではなく，データの参照（閲覧）手段も含まれる。ブロックチェーン上のデータを抽出して財務データを構築するような場合，どのようにデータが抽出され，その過程においてどのようなデータ集計がなされているのか，改竄リスクが生じえないような内部統制が構築されていたかを証明する必要性があるためである。

③　保証業務実務指針の今後

　ブロックチェーンを利用したビジネスの世界的な広がり・多様化とともに，ビジネスの信頼性を担保する1つの手段として，保証業務や会計監査業務に関する指針も適時改正されていく。よって，本節で紹介した保証業務実務指針も必要に応じて内容の改正がなされると想定されるほか，既存の実務指針や研究報告についても，暗号資産に限らずブロック

チェーン全体を見据えた汎用的な内容が盛り込まれる可能性がありうる。

　ブロックチェーンや暗号資産に関する実務指針を積極的に制定している国は世界的に見ても稀有であることから，他の国々に先行して制度整備を進める日本の取組みは，今後も注視していく必要性がある。

第5節 │ 金融商品取引業者の電子記録移転権利等に関する分別管理監査

(1) 分別管理監査実務指針の概要

　金融商品取引業者は，利用者から預託を受けた有価証券について金融商品取引法第43条の2第3項において，定期的に公認会計士または監査法人の監査を受けなければならない。電子記録移転権利および電子記録移転有価証券表示権利（以下「電子記録移転権利等」という）については金融商品取引法第2条に規定する有価証券に該当するため，その分別管理監査にあたっては，日本公認会計士協会から公表された業種別委員会実務指針第54号「金融商品取引業者における顧客資産の分別管理の法令遵守に関する保証業務に関する実務指針」（以下「実務指針54号」という）に基づいて，公認会計士または監査法人の監査が行われる。

　実務指針54号は，金融商品取引業者における顧客資産の分別管理の法令遵守に関する経営者報告書に記載された分別管理の法令遵守に関する経営者の主張を保証し，報告する保証業務に関する実務上の指針を提供するものである。この点，暗号資産交換業者の分別管理監査とは異なり，金融商品取引業者における分別管理監査は合意された手続ではなく，保証業務として実施されるものである。また，実務指針54号に基づき実施される分別管理の法令遵守に関する保証業務の目的は，経営者の主張が，すべての重要な点において法令および規則に準拠して記載されているという合理的保証の結論を表明することにある。なお，公認会計士等は法律の専門家ではないため，本実務指針に基づいて公認会計士等が発行する保証報告書は，分別管理の法令遵守について法的な見地からの判断を提供するものではない点には留意が必要である。

　なお，財務諸表監査については，金融商品取引業者に関する業種固有

の監査の実務指針は公表されていないため，既存の監査基準の要求事項に従って監査が実施されることとなる。

(2)　今後の課題

　現時点で公表されている実務指針54号においては，電子記録移転権利等を取り扱う場合に関連する事項が定められていないため，今後，その取扱いについて実務指針54号においても所要の改正が行われることが想定される。また，金融商品取引業者の経営者は，監査を受ける前提として，内部統制を整備・運用する役割と責任を有している。内部統制の目的を達成するため，経営者は，内部統制の基本的要素が組み込まれたプロセスを整備し，そのプロセスを適切に運用していく必要がある。これらの内部統制の整備・運用を行い，公認会計士または監査法人の監査を受けるにあたり，金融商品取引業者が顧客資産の分別管理に関する法令を遵守するための方針・手続の円滑な整備・運用の指針として，電子記録移転権利等に関する認定金融商品取引業協会である日本STO協会において，分別管理に係る内部統制のフレームワークについても今後取りまとめられ公表されることが望まれる。

(3)　ま と め

　これまで，ブロックチェーンを活用した暗号資産や新たに法律上の取扱いが明確にされた電子記録移転権利等に係る監査制度と監査の実務指針について述べてきた。監査の実務指針についても，ビジネスの変遷や関連する法規制の整備に伴い，複数の改正を経て現在に至っている。今後もブロックチェーンの仕組みは，さまざまな業種への応用が期待される。ゆえに，それを取り巻く監査制度や実務指針も改正されていくことが予想される。

## 第3章

ブロックチェーンビジネスの課題と解決アプローチ

　本章では，第1章・第2章にて取り上げた事例をもとにブロックチェーンの技術的な特性を改めて論じたうえで（第1節），その特性に応じたビジネスの可能性について記載する（第2節）。併せて，ブロックチェーンの恩恵を享受して企業の競争力を高めるうえで不可欠なガバナンス構築の基本的な考え方（第3節），および，ブロックチェーン技術を導入する際の人材の獲得・育成や組織設計における留意点を紹介し（第4節），ブロックチェーンのビジネスへの適用にかかる今後の展望を提示する（第5節）。

第1節 ┃ ブロックチェーンの可能性

　ブロックチェーンは，高可用性，改竄耐性，ビザンチン障害耐性，追跡可能性という技術的特性を持ち，データに高い信頼性を付与することができる。また，実社会へのインパクトとしては，自律分散管理により信頼性の高いデータをリアルタイムに組織横断的に共有したり，トークンの発行により新しい経済圏を創出するなど，中央集権的な社会・経済システムでは解決できなかった課題を解決できる可能性を有している。

　もちろん，システムの冗長化による可用性の向上や，堅牢なセキュリティの構築によるデータの保護，クラウドテクノロジーの活用によるリアルタイムなデータ共有は現在でも行われているが，ブロックチェーンはいわば標準機能として高可用性や改竄耐性といった特性を備えており，信頼性の高いシステム基盤として高いポテンシャルを有している。

　しかし，ブロックチェーンがシステムの特性として提供する信頼性は，それ単独では社会に信頼を提供するためのインフラとして十分ではない点に注意しなければならない。例えば，ブロックチェーンは改竄耐性を有しているが，入力データの内容について妥当性を検証することはできないため，不正または誤謬によって誤ったデータが投入された場合には，ブロックチェーン上に誤ったデータが記録されてしまう。また，中央集権的な管理者が存在するプライベートチェーンにおいては，管理者によるデータの改竄も技術的に不可能ではない。

　このような，ブロックチェーンの技術特性だけではコントロールできないデータの信頼性にかかる残余リスクに対しては，ブロックチェーンをシステム基盤として提供するプラットフォーム提供者と，プラットフォーム上でビジネスを展開する利用者の双方において，適切なコントロールとガバナンスの体制を整備して対応する必要がある。

　パブリックチェーンにおいては中央集権的な管理者が存在しないため，利用者それぞれが自身で管理できるリスクと管理できないリスクを識別し，利用方法を検討する必要がある。一方，中央集権的な管理者が存在するプライベートチェーンにおいても，ブロックチェーンのアーキテクチャが持つ分散管理という特性上，その管理は複数の組織の協業によって行われることも想定される。ブロックチェーンシステムにかかるステークホルダー内で役割および責任範囲を明確にし，各ステークホルダーが自身の責任範囲におけるコントロールやガバナンスを適切に管理・運用していることを証明し合えるような枠組みが必要になる。

　ブロックチェーンの特性を有効活用して社会の課題を解決し，新しいビジネスを構築していくためには，ブロックチェーンを利用した新しいサービスに対する社会からの信頼を獲得しなければならない。そのためには，監督官庁や規制団体，ブロックチェーンプラットフォームの提供者，プラットフォームのユーザーが一体となってガバナンスや信頼を確保する仕組みを構築し，ビジネスの加速と信頼の獲得を両輪としてブロックチェーンの活用を促進していくことが重要である。

第2節 ブロックチェーンのインパクト

(1) ブロックチェーンがビジネスに与える影響

① 技術的な特性

　ブロックチェーンは，分散されたノードによってシステムを構成し単一障害点を排除していることによる高可用性，トランザクションの履歴をハッシュチェーン構造で保持することによる改竄耐性，ノード間での自律的なデータ検証，すなわちコンセンサスの形成によるビザンチン障害耐性といった技術的な強みを持つ。ブロックチェーンを基盤とするCBCD（中央銀行発行デジタル通貨）の検討が世界各国で急速に進められていることは，ブロックチェーンの主な特徴である高可用性，改竄耐性，ビザンチン障害耐性，追跡可能性が，社会に信頼を与えるインフラとして極めて有用であることを示唆している（**図表3－2－1**）。

　ブロックチェーンは革新的な技術として取り上げられることが多いが，

図表3－2－1　ブロックチェーンの技術的な強み（図表0－1再掲）

高可用性	改竄耐性	ビザンチン障害耐性	追跡可能性
分散管理しているデータをノード間で常に共有しているため，1つのノードがダウンしても全体的なシステムダウンにはつながらない。	ブロックチェーン技術の仕組み自体（コンセンサスアルゴリズム，P2P，暗号技術）がデータの改竄を困難にさせる。	ノード間でデータの検証を自律的に行う仕組み自体（コンセンサスアルゴリズム）によって，一部のノードが不正に利用されても，システム全体としては正常に動作する。	いつでも誰でも確認が可能な共通基盤上で，参加者全員が同一の情報を見ることができるため，第三者からも情報を確認することができる。

こうした特性を支えるP2Pネットワーク，ハッシュ技術，暗号化技術など個々の技術要素は革新的なものではない。また，現在利用されているシステムでも冗長構成による高可用性が確保されており，改竄耐性についてもネットワークの制御や侵入検知システム，改竄検知システムの導入と厳格なインシデント対応など，オペレーションまで含めシステム全体としてみれば一定程度対応ができている状態にあるといえる。追跡可能性についても，ログを保管しモニタリングシステムを導入することで，既存のシステムにも実装されている。

　このように，ブロックチェーンが提供する特性は，必ずしもブロックチェーンを利用しなくても実現可能であるが，関連システム導入やモニタリングなどの保守・運用作業が必要であり，管理態勢の構築は容易ではない。一方で，ブロックチェーンをシステム基盤として利用する場合，高可用性，改竄耐性，ビザンチン障害耐性，追跡可能性が，いわば標準機能として実装される。この点こそが，ブロックチェーン技術の最大の強みといえる。

② ブロックチェーンで解決可能な課題

　ブロックチェーンの強みは，システムの機能性の側面に限定されたものではない。ブロックチェーンは，その自律分散管理という特徴により，今までの中央集権的な社会・経済システムでは解決できなかった以下のような課題を解決できる可能性を有している（**図表3－2－2**）。

(i) 境界を超える：サイロ化による課題を解決する

　標準化された商品やサービスの大量生産・大量消費に応えるために作られた中央集権的なシステムには，機能分割された縦割りの境界が強く反映される。このようなサイロ化が起こると，情報の効率的な伝達が阻害される，部門・企業横断的な協業活動が抑制されるなどの課題が発生

図表３−２−２　ブロックチェーンの特性と活用領域

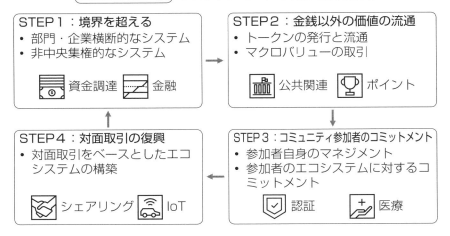

する。ブロックチェーンの持つ分散型台帳という特徴は，サイロ化を解消し，部門・企業横断的なシステムを構築するのに適したアーキテクチャである。また，ブロックチェーンは公開鍵暗号方式による認証を基盤としているため，異なるチェーン間を接続するようなケースであっても認証方法を変更する必要がないという高いインターオペラビリティを有しており，今後ブロックチェーンが広く普及するにつれて，一層有用なアーキテクチャになっていくといえる。

(ⅱ)　**金銭以外の価値の流通：今まで見過ごされていた価値を流通させる**

　ブロックチェーンは，トークンの発行と流通という機能を持ち合わせていることから，これまでは価値として流通させることが難しかった金銭以外の価値・資産を流通させる仕組みの構築に適したアーキテクチャである。今まで取り扱われていなかったマイクロバリューが取引の対象となれば，市場参加者の増加と資本の流動性の上昇によって経済活性化にもつながると考えられる。

(iii)　コミュニティ参加者のコミットメント：参加者の主体性を高める

　これまでの中央集権的なシステムでは，システムの維持・メンテナンスを中央集権型システムの管理者が一手に引き受けて実施していた。ブロックチェーンでは，これをコミュニティ参加者自身でマネジメントする態勢に変革していくことで，参加者のエコシステムに対するコミットメントを高めていく可能性を有している。

(iv)　対面取引の復興：中間業者が必要なことによる課題を解決する

　これまでの中央集権的なシステムでは，取引を中間業者が仲介し，手数料を支払う仕組みとなっていた。ブロックチェーンは，P2Pでの対面取引で課題となりやすい，取引記録の信頼性を確保・維持する機能を内包していることから，対面取引をベースとしたエコシステムのプラットフォーム構築に適したアーキテクチャである。

③　ブロックチェーンによる解決策

　ブロックチェーンを導入し，前項で示した課題を解決する事例として，以下のようなものが考えられる（**図表３－２－３**）。

(i)　サプライチェーンの共通プラットフォームの構築

　多数の企業から構成されるサプライチェーンにおける取引や物流の実績を，単一のプラットフォーム上にリアルタイムに記録することで，追跡可能性と透明性を飛躍的に向上させ，在庫管理や情報連携を円滑化することが可能である。既存システムでも，サプライチェーン参加企業間でデータをインターフェースする仕組みを構築し，中央集権的に管理することで取引のステータスを管理することは可能だが，システムの設計から保守・運用にかかる工数が非常に大きく，サプライチェーン全体を管理する規模でシステムを導入することは現実的ではなかった。しかし，

図表3－2－3　**ブロックチェーンで解決可能な課題と解決策の対応**

事例内容	STEP1	STEP2	STEP3	STEP4
(i)　サプライチェーンの共通プラットフォームの構築	✓			
(ii)　企業横断的なデータ共有	✓			
(iii)　仲介手続を排除した効率的な取引	✓	✓		
(iv)　トークン発行による新しいコミュニティの創出		✓	✓	
(v)　共通認証基盤の構築による，冗長な本人確認の排除		✓		
(vi)　小口STOの発行による資金調達	✓		✓	
(vii)　既存市場の電子化		✓	✓	✓

　ブロックチェーンのプラットフォームを利用すれば，個社ごとのシステム構築やシステム間のインターフェース設計を個別に検討する必要はなくなり，サプライチェーン上の各ポイントからチェーン上に情報を登録することで，ブロックチェーンにアクセス可能な人物であれば誰でも簡単に取引の情報を確認することができるようになる。

　また，商品に付与したQRコードから，ブロックチェーンに記録されたトランザクションの流れにアクセスできるような仕組みを構築すれば，産地の表示や流通過程の再生可能エネルギーの利用状況などの情報を信頼できる形で消費者に開示することが可能となる。このとき，ブロックチェーンの改竄耐性という強みから，消費者は産地データが事後的に改竄されていないことを信頼することができる[1]。

　このように，ブロックチェーンを基盤としてサプライチェーンを管理することで，上流から下流までの取引の信頼性を，一気通貫で保証する

ような枠組みを構築することができるようになる。加えて，共通のシステム基盤をサプライチェーンの参加者で共有して利用することになるため，規模の経済が働き，個社がシステムの保守・運用にかけるコストを削減することができる。

(ii) 企業横断的なデータ共有

　EDIシステム（電子データを変換・転送するシステム）のような既存の企業横断的なシステム連携の仕組みをブロックチェーンに置き換えることで，トランザクション，つまりはトレーサビリティにかかるフローの信頼性の向上が可能になる。従来の企業横断的なシステム連携においては，ある一時点の取引や資産の情報を企業間で連携し，取引間の関連性，すなわちトランザクションフローの全体像については個社で別途管理することが必要であった。例えば，企業Aから企業Bに注文情報が連携され，企業Bから企業Aに発送情報が連携されるとき，この2つの情報を紐づけるには，事前にキーとなる注文番号に紐づく注文情報および発送情報について合意を形成し，各社でリレーショナルデータベースを管理することが必要であった。しかし，ブロックチェーンを利用する場合は，起点となった注文情報に後続の取引の情報をチェーンさせ，公開鍵をキーとすることで，企業横断的にトランザクションフローのデータを容易に管理することが可能になる。

　換言すれば，現在の企業別，目的別に細分化され，サイロ化したシス

1　ここではブロックチェーンへの参加者が承認済みのノードに限定されている，コンソーシアム型（後述）のチェーンを想定している。サプライチェーンに参加している企業（ノードの管理主体）の数が一定以上であり，企業間の共謀が想定されない場合，単一の企業が事後的にデータを改竄することは技術的に不可能になる。参加企業数が少なく，ブロックチェーン全体のビザンチン障害耐性が十分に担保されないことが想定される場合は，ブロックチェーンの特性である改竄耐性の便益を十分に享受できない懸念がある点に留意が必要となる。

テム体系を再整理し，ブロックチェーンを基盤とする単一巨大システムへの集約を図ることで，システムの効率的な管理とフロー全体の信頼性の向上を実現することが可能になる。サプライチェーンが多様化し，企業間の関係性が複雑化していく中で，取引のフローに関する情報の信頼性を向上させることは，対外的な信頼の獲得のためのみならず，自社のデータガバナンスの観点からも極めて重要であると考えられる。

ⅲ　仲介手続を排除した効率的な取引

　取引の基盤としてブロックチェーンを利用することで，効率化と高速化が実現可能になる。効率化の観点では，中央集権的な管理者を排除した1対1の取引が可能になり，仲介手数料の発生や管理者による不正のリスクを低減させることができる。また，高速化の観点では，定型化された取引をスマートコントラクトによって管理することで，条件が満たされた際に適時に取引が実行されるようになる。例えば，従来のインターネット上の個人取引では，入金をしたにもかかわらず商品が提供されないリスクや，商品を提供したにもかかわらず代金が支払われないリスクを排除するためには，仲介業者による管理が不可欠であった。しかし，例えばデジタルコンテンツマーケットをブロックチェーン基盤上に構築すれば，出品者が提示した条件が満たされることをトリガーに決済手続と購入者へのデータ提供を行うスマートコントラクトを設計することで，自動的に取引が履行され決済が完了する。代金の支払とデータの提供がプログラムによってパッケージ化されているため，代金の不払いやデータの不提供といった不正は発生しない。このように，ひとたび取引を行うブロックチェーンプラットフォームが構築されれば，個人はその基盤を利用することでインターネット上での対面取引を安心して実施できるようになる。

(iv) トークン発行による新しいコミュニティの創出

　デジタルトークンを発行して低コストでの価値移転を実現することで，独自の経済圏（トークンエコノミー）を構築することが可能になる。例えば，ブロックチェーンを基盤とするコミュニティを構築し，その参加者に対して，コミュニティへの貢献に応じて報酬としてトークンを発行するような仕組みが考えられる。コミュニティ上での取引が現実の法定通貨ではなく独自のトークンによって行われるように設計すれば，当該トークンは貨幣の基本的機能である価値尺度・価値の保存・価値の交換の機能を保有するようになり，既存通貨から独立した経済圏が確立される。そして，コミュニティの参加者が増え，提供されるサービスの種類が増えれば，比例して経済圏も拡大していくこととなる。また，ブロックチェーンの改竄耐性というシステム特性から，トークンの移動の履歴が事後的に改竄されるリスクも低減されている。

　ブロックチェーンのこうした利用方法は，トークンが決済機能を持つという点で暗号資産と類似しているが，トークンエコノミーを構築する場合は，コミュニティへの参加者を集め，トークンを取得するための活動を実施するようなインセンティブ設計を行う管理主体が必要となる。地域限定でのポイント機能であれば地方自治体が，SNSのようなバーチャルなコミュニティであればサービスを提供する企業が管理主体となる。

(v) 共通認証基盤の構築による，冗長な本人確認の排除

　銀行口座の開設や保険契約の締結，不動産の購入や役所での手続実施時など，われわれは日常生活の中で繰り返し本人確認手続を行っている。見方を変えると，同一の個人に対する本人確認を，異なる組織が重複して繰り返し実施している状態であり，社会全体でみると大きな無駄が発生している。ブロックチェーンをシステム基盤として利用すれば，1つ

の組織が実施した本人確認手続の結果が改竄されていないことを証明できる形で組織横断的に連携することが可能になり，利用者は同じ書類を繰り返し作成する手間から解放され，組織は膨大な費用をかけて実施していた本人確認手続を大幅に削減することが可能になる。ブロックチェーンを基盤として認証プラットフォームを構築すれば，個社でシステム改修を行わずとも，公開鍵をキーとして企業横断的に情報を共有することができる。

⑹　小口STOの発行による資金調達

　ブロックチェーン技術を利用してリアルアセットをトークン化することで，これまで中間コストを賄うことができず，商品化が困難であった不動産関連受益権やベンチャー株式，知的財産権などの電子証券化が可能になり，新たな資金調達市場が形成される。小口取引を行えるよう少額のトークンを発行することで，機関投資家だけではなく個人投資家も参入可能になるため市場参加者が増加し，資本の流動性が向上することが想定される。

　また，2020年5月1日に「情報通信技術の進展に伴う金融取引の多様化に対応するための資金決済に関する法律等の一部を改正する法律」が施行され，それに伴って一般社団法人日本STO協会の自主規制ルールが改訂されるなど，STOに関する規制制度は着実に整備されてきており，ブロックチェーンを基盤にしたSTOが本格的に普及する地盤が整えられている。

⑺　既存市場の電子化

　現在，世界各国でCBDC（中央銀行が発行する暗号資産）の検討が進められており，バハマでは法定通貨バハマドルをデジタル化した「サンドダラー」の実用化がなされ，中国においてもデジタル人民元の施行利

用が開始されている。CBDCの導入により，取引の効率化や決済が高速化され利用者の利便性を向上するだけでなく，政府による正確で適時なGDP予測を可能にして政策決定に資する情報を提供する，規制当局による取引の追跡を可能にしてアンチマネーローンダリング対応を容易にするといった点が期待されている。

　(i)～(vii)で示したように，ブロックチェーンを基盤にシステムを構築することで，企業横断的なリアルタイムでのデータ連携，インターネット上での対面取引，独自の価値を取引する新しいコミュニティの構築が可能になるなど，ブロックチェーンは社会に対して新しい形で信頼を提供し，多くのビジネス課題を解決するポテンシャルを有しているといえる。
　しかし，ブロックチェーンの特性を生かし，その恩恵を享受するためには，単にブロックチェーンを導入するだけでは十分ではない。新しいビジネスを展開するうえで，ブロックチェーン利用にかかるリスクを正しく理解し，適切な対策を実施することが重要である。次項にて，ブロックチェーンを取り巻く規制や，実施すべきガバナンスを概観する。

(2)　ブロックチェーン利用時のリスクとコントロール

　ブロックチェーンを取り巻く規制の整備は急ピッチで進められている。例えば，ブロックチェーンを利用した代表的なビジネスケースである暗号資産交換事業に関して，「情報通信技術の進展に伴う金融取引の多様化に対応するための資金決済に関する法律等の一部を改正する法律」（令和元年法律第28号）が2019年6月7日に公布されている。この法律では，従来用いられていた「仮想通貨」の呼称が「暗号資産」へ変更されるとともに，暗号資産流出リスクにかかる規制の強化，カストディ業務への規制導入，利用者の暗号資産返還請求権に対する優先弁済権の付与，電子記録移転権利の導入・暗号資産のデリバティブ取引に対する規

制などの内容が盛り込まれている。

　他にも，実務対応報告第38号「資金決済法における仮想通貨の会計処理等に関する当面の取扱い」の公表（2018年3月14日），日本公認会計士協会業種別委員会実務指針第61号「仮想通貨交換業者の財務諸表監査に関する実務指針」の公表（2018年6月29日）といった指針の整備が進んでおり，今後，さらなる関連指針の整備や未整理事項を反映した既存指針の改正がなされるものと考えられる。

　ブロックチェーンをビジネスに活用していくうえでは，こうした変化の状況をフォローし，規制の不確実性・法令遵守といった企業活動において対応が求められるガバナンスの枠組みを，業界団体やブロックチェーンの利用者が協議しながら構築することが重要になる。

　また，各種法令や指針の要求を満たした場合であっても，ブロックチェーンを用いたビジネスシステムに対する信頼性をどのように担保するかが課題になる。例えば，単一サービス・単一事業体のみへのサービスではなく，業界全体のプラットフォームシステムにも展開することによってシステムの価値を向上させることを念頭に置く場合，デジタル資産をプラットフォーム化されたシステム上で管理することになり，保有資産の実在性を利害関係者にどのように証明するのかが課題となる。

　次項にて取り上げるように，ブロックチェーンの技術特性である改竄耐性や追跡可能性は，それぞれ単独では，信頼の置けるプラットフォームとしての役割を果たすことはできない。ブロックチェーンシステム全体の管理を適切に行えるようにコントロールの枠組みを整備し，必要な内部統制を構築し，リスクマネジメントを適切に実施していることを対外的に証明できる状態になって初めて，社会に信頼を提供するプラットフォームとしての立場を獲得することが可能になる。

　社会からの信頼を獲得できる形でブロックチェーンを活用してビジネスを変革し，新しい価値を創造していくためには，ブロックチェーンが

技術的特性として提供する信頼性と，それらを利用する企業や個人が実施すべき，システムを運用・利用するうえで検討すべき要素を明確に区別することが重要である。つまり，ブロックチェーンにより実現可能なビジネスチャンスやブロックチェーンの利用にかかるリスクを正しく評価し，技術基盤としてのブロックチェーンだけでなくそれを取り巻く管理運用状況を含めて，全体として信頼可能なシステムを構築できるようにリスクコントロールの枠組みを整備することが必要である。ブロックチェーンに対するリスクコントロールが適切に整備されない場合，法令違反によって事業の停止を余儀なくされる，新規にプラットフォームを構築したものの信頼を獲得できず利用者が集まらない，本来ブロックチェーンの導入が適さない領域にブロックチェーンを導入してしまい期待した成果を実現できないといったリスクの顕在化が懸念される。

　しかしながら，ブロックチェーンは新興技術であり，コントロールのベストプラクティスは確立されていない状況である。世界15か国600人の経営幹部を対象にPwCが実施した「世界のブロックチェーン調査2018」によれば，84％の企業がブロックチェーン技術の活用を検討もしくは実装に着手していると回答している一方で，45％の企業はブロックチェーンの信頼性に疑問を抱いていると回答しており（**図表3－2－4**），多くの企業がブロックチェーンの有用性を認識しつつも，ブロックチェーンに対する理解や知見の不足から，リスク対応の困難に直面している状態ともいえ，関連規制やこれに伴う内部統制対応に大きな課題を抱えているとも考えられる。

　法規制への対応や内部統制の整備は，管理コストの増加によってブロックチェーン技術を用いようとするスタートアップ企業や新規事業ビジネスの勢いをそぐブレーキとなる側面があることは否定できない。しかし，サービスの信頼性を高めて利用者の信頼を獲得するためには，規制への対応や内部統制の整備・運用は欠かせない。特に，サービスを拡

図表3－2－4　ブロックチェーン構築に必要な要件

質問：あなたの組織のブロックチェーンプロジェクトを成功させるためにはどの機能が必要ですか。

出所：PwC「世界のブロックチェーン調査2018」

大し継続的に運営していくことを念頭に置けばこそ，内部統制はデータ
やプログラムを管理するシステム基盤の信頼性を示す根拠の一要素とし
て有用といえるほか，企業体そのものの信頼性を示すためにも必要不可
欠になってくる。したがって，必要に応じ外部の専門家の協力を得なが
ら，リスクアセスメントとリスクコントロールの構築サイクルを適切に
運用していくことが，ブロックチェーンを信頼できる基盤として利用し，
ブロックチェーンの恩恵を享受して企業の競争力を高めるうえで重要に
なる。

　上述のような取組みの一助となることを期待して，次節以降にてブ
ロックチェーンの利用にかかるコントロールの構築の基本的な考え方を
紹介する。

第3節 ブロックチェーン利用企業の ITガバナンス

　本節では，ガバナンスとコントロールについて記載する。ガバナンスとは，組織の達成すべき目的を利害関係者の期待に照らして合理的なものとするための枠組みであり，企業の目的に照らして，執行状況をモニタリングし，評価，方向づけを行っていく活動を指す。コントロールは，組織の達成すべき目的に向けて業務オペレーションを実行・管理できるように設計・運用される仕組みを指す。

(1) 戦略レベルのITガバナンス

　ブロックチェーンはテクノロジーの機能として高い信頼性を提供するが，このことがただちに，企業にとってブロックチェーンの導入が有用であることを意味するものではない。ブロックチェーンのような新しいテクノロジーは，ともすると，その利用自体が自己目的化されてしまうことがあるが，ブロックチェーン導入の判断は，当然のことながら企業戦略に沿って検討される必要がある。特に，ブロックチェーンの導入は多くの場合，短期的な利益を生み出すのではなく，データの信頼性と透明性，追跡可能性の向上により中長期的に企業の信頼性を高めることが想定されるため，検討にあたっては，中長期的な観点から検討を行う必要がある。

　すなわち，事業戦略を策定・実現するためのソリューションとしてテクノロジーの活用を検討するという標準的なITガバナンスの考え方は，ブロックチェーンの利用を検討する際にも当然適用される必要がある。ビジネスコンセプト設計に基づいてブロックチェーンのユースケースを検討し，社内外のステークホルダーを巻き込みながら解決すべき課題を洗い出し，既存システムのブロックチェーンへの置き換えや，ブロック

チェーンを基盤とする新規システムの構築が，事業戦略を遂行するうえで適切なソリューションであるかどうかを判断する必要がある（**図表3－3－1**）。

図表3－3－1 ブロックチェーンが活用できる条件

データ	記録	中央集権的管理者を設置せずに，永続的に記録する必要がある。
	保護	データが事後的に改竄されていないことを保証する必要がある。
	共有	データを共有する各主体が，各々データを保有する必要がある。

取引	信用	信用に不安のある不特定多数の参加者と取引を行う。
	方式	中間業者を介さず，直接（対面）取引を行う。
	自動化	契約実行の中間プロセスを排除し，契約を自動履行する。

　例えば，財務数値にかかる取引の記録を保存するバックエンドシステムのような，データが改竄されていないことを担保する必要があるシステムや，不特定多数の参加者と中央主権的な仲介業者を介さずに直接取引をするシステムの場合，ブロックチェーンの改竄耐性や分散台帳の仕組みが適切なソリューションとなる。一方で，有価証券の売買を管理するシステムのような高速な処理を要求されるシステムにブロックチェーンを適用すれば，要求されるスループットを実現できず，重大な障害が発生する可能性がある。

　こうしたミスマッチが発生しないように，PoC（概念検証）や専門家との協議を繰り返していくなかで，想定されるリスクの洗い出しを行い，リスク戦略を策定し，オペレーション・ガバナンスモデルを事前に構築しておくことが，システム全体としての信頼性を高めるうえで最も重要である。

(2)　機能レベルのリスクコントロールと信頼性

　検討の結果，ブロックチェーンの導入が適切であると判断され，信頼性の高いシステム基盤としてブロックチェーンが導入された場合も，ただちにシステム全体の信頼性が保証されるわけではないことに留意する必要がある。信頼性を脅かす要素として，例えば以下のようなリスクが挙げられる。

①　ブロックチェーンに誤った情報が入力されるリスク

　ブロックチェーンに誤った情報が入力された場合，誤った記録が改竄不可能な形で永続的にシステム上に記録され続けることになる。ブロックチェーンを利用してサプライチェーン全体を追跡可能なシステムを構築したとしても，誤った入力データが原因で，チェーン上に記録されている情報が誤っていれば，消費者に正確な情報を公開することはできない。ブロックチェーンは記録されたデータが改竄されていないことをそのシステム特性により保証するが，入力されたデータが正確であることを自律的に判断する機能は有していない。

　したがって，ブロックチェーン上のデータの信頼性を担保するためには，データインプットのプロセスに対して適切なコントロールを整備し，誤ったデータが入力されないように管理する，または誤ったデータが入力されていた場合に検知できるようにモニタリングを実施することが重要になる。サプライチェーンの例であれば，IoTのテクノロジーとブロックチェーンを連携させ，位置情報などを自動で記録する，ブロックチェーンに投入されたデータに不正なものが含まれていないかのモニタリングにAIを活用する等，ブロックチェーン以外のテクノロジーを活用した方法も考えられる。

②　不正な取引に関するリスク

　ブロックチェーンは秘密鍵による電子署名によってデータの信頼性を一定程度担保することができる技術的な特性を持っているが，実際に秘密鍵を利用して電子署名を行った人物が誰であるかについては保証しえない。例えば，デジタルトークンの所有は秘密鍵によって管理されるが，秘密鍵が漏洩して資産の不正な移動が行われたとしても，トークンエコノミーにおいては，決済実施時の本人認証が秘密鍵による署名によってのみ行われるため，取引が不正なものであったことを証明することは難しい。また，従来の取引であれば銀行が口座開設時に確認しているはずの反社チェック手続により排除されるような相手と意図せず取引を行ってしまい，反社会的勢力によるマネーローンダリングに関与してしまうリスクも想定される。

　こうしたリスクに対処するためには，ブロックチェーンの利用者自身が秘密鍵の漏洩を防止するように管理を徹底するとともに，中央集権的な管理者が存在するプライベート型（後述）のブロックチェーンであればプラットフォームの提供者が，パブリックチェーン（後述）のブロックチェーンであれば利用者自身が，取引相手が信頼できることを確認する手続を整備することが必要になる。

③　ステークホルダーの増加に伴い責任範囲が不明確化するリスク

　ブロックチェーンはシステム特性として高可用性と改竄耐性を保有するが，51％攻撃を受けた場合にはデータの改竄が発生する可能性があるなど，100％の信頼性を保証するものではない。また，スマートコントラクトが適切に動作しない場合など，ブロックチェーンを基盤とするシステムであっても障害が発生するリスクは依然存在する。複数の企業体によってブロックチェーンを管理するコンソーシアム型（後述）のブロックチェーンの場合，不正なノードがブロックチェーンに参加しないように管理する手

続の整備や，障害が発生した場合の対応といったシステムオーナーとして実施すべき活動の責任の所在が不明確になることが懸念される。

　ステークホルダーの増加に伴い責任の定義は困難になることから，複数の企業体によって運営するようなブロックチェーンを構築する場合には，システムの稼働に先行して，企業横断的な運用ポリシーを定め，想定されるリスクや課題の洗い出しと責任の所在の明確化，インシデントへの対応手順を含むコンティンジェンシープランなどを定義することが重要になる。

　ブロックチェーンを利用したシステムが真に信頼できるものであるためには，取引内容の証明や取引量の正確性を担保し，例示したようなリスクが顕在化していないことを示す枠組みを構築する必要があり，企業がどのようなガバナンスを整備するかがブロックチェーンの信頼性を確保するうえでの重要な要素になる。また，ブロックチェーンに関するリスクは個別のブロックチェーンで採用されているアルゴリズムやブロックチェーンを管理する主体の有無によって異なる部分もあり，ガバナンスが適切に整備・運用されていることを対外的に証明することは容易ではない。ブロックチェーンの利用状況が適切であることを証明し，社会に対して信頼できるシステムであると主張するためには，内部統制としてリスクをコントロールする仕組みを整備するだけでなく，外部監査結果の利用や保証証明書の発行などによって，ブロックチェーンを適切に管理・運用していることを積極的に開示していくことが重要となる。

④　ブロックチェーンの類型

　ブロックチェーンは管理主体の有無によって，パブリックチェーンとプライベートチェーンに大別される。また，プライベートチェーンは，管理主体が単体か複数かによってプライベート型チェーンとコンソーシアム型チェーンに分類される[2]（**図表３－３－２**）。

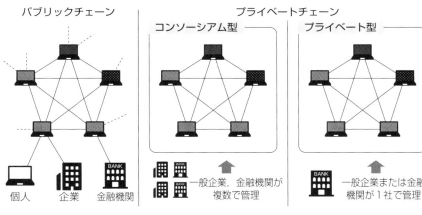

図表3−3−2　ブロックチェーンの類型

特　徴	パブリック チェーン	プライベートチェーン	
		コンソーシアム型	プライベート型
管理者（分散性）	不在（高）	複数組織（中）	1組織（低）
ノード参加者	誰でも参加可能	許可制	組織内のみ
トークン	あり	どちらでも可	どちらも可
合意形成	PoW，PoS，DPoSなど	モデルによる	なし
取引速度	遅い	速い	速い
スケーラビリティ	低い	高い	高い
ファイナリティ	困難	容易	容易
例	ビットコイン，イーサリアム	Hyperledger，Fabric, Corda	Hyperledger，Fabric, Corda

---

2　プライベートチェーンという表現は，本書に記載したプライベート型チェーン
のみを指す場合もあるが，ITガバナンスを検討するうえで管理者が単体であるプ
ライベートチェーンと管理者が複数であるプライベートチェーンを明示的に区別
する必要があるため，本書ではこのような記載方法を採用する。

(i)　パブリックチェーン

　管理主体が存在せず，不特定多数が参加するブロックチェーン。ビットコインやイーサリアムのチェーンが該当する。ブロックチェーンへの参加，退出に際して認証プロセスは存在せず，参加主体を特定することができない。よって，パブリックチェーン全体にガバナンスを中央集権的に適用するという考え方よりも，ブロックチェーン固有の技術要素を拠り所に匿名要素の強い共生環境におけるエコシステムとしての志向性が優先される。企業がブロックチェーンを用いたビジネスを展開する場合には，ガバナンスという観点において管理・運営に課題も生じるほか，権利の所在を明確にするなどの目的で，プライベートチェーンを念頭に置くことが多い。

(ii)　プライベートチェーン

　管理主体が存在し，参加者が特定されているブロックチェーン。特に，管理主体が単一の組織の場合を「プライベート型」，複数組織によって共同管理されている場合を「コンソーシアム型」と呼び分けることもある。管理主体が単一の場合と複数の場合では構築すべきガバナンスが異なるため，本書ではこの区分を採用して記載する。

　ブロックチェーン利用にかかるガバナンスの考え方は，利用しているブロックチェーンがどの形態に属するものかによって異なり，自律分散的なシステムであるパブリックチェーンであれば，チェーンの利用者それぞれがリスクコントロール策を整備・運用する必要があり，中央集権的なシステムであるプライベートチェーンであれば，管理を行う組織に管理・説明責任が発生する（**図表3-3-3**）。

　したがって，ブロックチェーンを利用する際には，構築予定のシステムや利用予定のサービスがどちらに該当するかを正確に判断する必要がある。

図表3-3-3　ブロックチェーンの類型とガバナンス

コントロール体制	中央集権管理	折衷管理	自律分散管理
モニタリング方針	アカウンタビリティ（中央集権組織の説明責任）が前提。**アクセシビリティ**に制限が出やすいので監査人を任命してチェック。	ガバナンス要件を分散管理機能で実現し、参加者に**アクセシビリティ**を担保できるかによってチェック方法が変わる。	アクセシビリティ（参加者からの情報アクセス権限）と自己責任が前提。**アクセシビリティ**が確保できれば参加者が自己責任でチェック。

(3)　ブロックチェーンの類型ごとのガバナンス検討観点

①　パブリックチェーン利用時のガバナンスの観点

　パブリックチェーンは任意の主体が参加可能であり、参加者の特定も困難であることから、ブロックチェーン全体に一元的に適用されるようなガバナンスを構築することは不可能である。したがって、パブリックチェーン利用企業で整備すべきガバナンスは、事前検討・導入段階の時点で管理可能なリスクと管理不可能なリスクを特定し、適切なコントロールを設置することである。

　パブリックチェーン利用にかかるリスクを正確に把握するためには、利用するブロックチェーンの技術特性を正しく理解する必要がある。ガバナンス整備の第一歩として、パブリックチェーンの利用に先立ち、採用されているコンセンサスアルゴリズムやブロックの生成頻度など基礎的な情報を理解し、利用目的に合うシステム基盤を有しているのかを確認する必要がある。

　ブロックチェーンが必要な要件を満たしていることを確認し、利用を

開始する場合，ブロックチェーンの利用によって発生するリスクを分析し，リスクに対応するコントロールのプロセスを整備する必要がある。

　ガバナンスを考慮するうえで重要なパブリックチェーンの特徴として，所有者の異なるデータが不特定多数に共有された形で管理されるという点が挙げられる。言い換えると，ブロックチェーン上のデータの所有権について，契約書などの公的な文書としての裏付けが難しく，かつ共有された情報の機密性確保が課題となる，という点が挙げられる。例えば，データセンターに保管されているデータであれば，ホスティングサービスの提供者と利用者間の契約に基づいてデータが管理されており，保管されているデータの機密性は当該契約にて一定程度担保される。同様に，データの所有権がホスティング事業者にあるのか，サービス利用者にあるのかが不明になることはない。しかしながら，パブリックチェーン上のデータは不特定多数によって分散管理されており，機密情報を含むデータの保有（ノード上にデータが格納されていること）とデータの所有の紐づけは，データに対する署名を行った秘密鍵の所有によってのみ担保される。つまり，秘密鍵の所有こそがデジタル資産の所有を示し，秘密鍵の紛失・漏洩はデジタル資産の所有権の紛失と合わせて機密情報の漏洩を意味することになる。したがって，秘密鍵の管理方法を整備することは，ブロックチェーンを利用するうえで最も重要なガバナンスになる。

　なお，秘密鍵の管理がガバナンス上，重要である点はプライベート型チェーンやコンソーシアム型チェーンにおいても同様だが，管理者が存在しているチェーンであれば，代替的な手法によってデータの所有権を証明できる可能性がある。パブリックチェーンにおいては，秘密鍵を紛失・漏洩した際の補完的な手段が存在しないことから，秘密鍵の管理に関するガバナンスの重要性が特に高くなっている。

　データの所有権にかかる問題は，ブロックチェーンを利用するうえで

は必ずしも問題にならないが，第三者に対してブロックチェーン上のデジタル資産の所有権を主張するときに問題となる。例えば，暗号資産交換業者のように暗号資産が保有資産の重要な割合を占めるようなケースでは，財務諸表の正確性を主張するうえで暗号資産の所有権を証明することが必要になる。法定通貨の場合，第三者である銀行から発行された残高証明書によって保有する現預金資産の残高の正確性を証明することができるが，管理者が存在しないブロックチェーンにおいては同様の手法による証明は不可能である。

　近年においては，暗号資産やブロックチェーンで管理するトークンの企業の資産上の重要性が高まっており，ブロックチェーン上の資産に対する所有権の証明は，多くの企業に求められる課題となることが想定される。次項では，ブロックチェーン上の資産として暗号資産を取り上げ，企業が保有する暗号資産残高を評価する監査手続を概説することで，ブロックチェーン上にデジタル資産を保有する企業が実施すべき取組みの観点を紹介する。

②　パブリックチェーン利用時のコントロールの事例

　前項で述べたとおり，管理者が存在しないパブリックチェーン上の暗号資産の所有権を対外的に証明するには，秘密鍵の所有権を示さなければならない。したがって，企業が保有する暗号資産残高の正確性を証明するためには，ある一時点における暗号資産残高（ストック）の額面（保有量）が正確であることと，所有を主張する暗号資産に紐づく秘密鍵を専有的に保有していることを証明しなければならない。

　専有的な保有とは，言い換えれば，保有を主張する暗号資産に対するアクセス権，すなわち秘密鍵を保有しているだけではなく，他のいかなる人物または事業体も，その暗号資産に対するアクセス権を有していないことを意味する。

　企業が銀行に預けている現預金であれば，当該資産を他の事業体によって利用できないように管理されていることを銀行という第三者が担保しているが，パブリックチェーンに関してそのような管理体は存在しない。不特定の第三者によって利用される状態にある資産を特定の事業体の資産として計上することはできないため，暗号資産の保有を主張するのであれば，当該暗号資産へのアクセス権の保有が自社に限定されていることを，秘密鍵へのアクセス権が適切に制限されていることをもって証明することが必要となる。具体的な実施手続は暗号資産が管理されているブロックチェーンのシステム特性によって異なり，例えばビットコインのようなUTXO型とイーサリアムのようなアカウントベース型のブロックチェーンでは，トランザクションの記録形態が異なるため，検証方法もそれぞれに合わせたものを検討する必要がある。ここではビットコインを念頭に，暗号資産保有量と専有的な所有を証明する代表的な手法を紹介する。

(i) 保有量の証明

　保有する暗号資産に紐づくブロックチェーンのアドレスを一覧化し，各アドレスの残高を合計することで保有量を算出することができる。ただし，アドレスの残高の確認を行うためには，ブロックチェーンの特性を正しく理解し，残高を算出する方法を適切に把握する必要がある。例えばビットコインの場合，ブロックチェーン上に残高が直接的に記録されているわけではなく，記録されているのはビットコインがアドレスを移動したトランザクションの履歴のみである。したがって，対象の各アドレスに紐づくトランザクションをすべて積み上げることによって残高を算出するという追加的な手続が必要になる。この手続において，ブロックチェーン上に記録されたトランザクション履歴の内容が正確である，すなわち改竄されていないことの確認は実施しない。これは，ブ

ロックチェーンの技術的特性によって，チェーン上のデータの正確性が担保されているためである。

　なお，主要な暗号資産に関しては，残高情報を自動で算出して表示するようなオンラインのツールが公開されているケースもあるが，そのようなツールを利用する場合には，ツールに実装されている残高算出ロジックの正確性を十分に検証し，表示された結果が信頼に足るものか否かを慎重に判断する必要がある。

(ii)　専有的所有の証明

　先述のとおり，暗号資産の所有を証明するには，該当するアドレスに紐づく秘密鍵の所有を証明する必要がある。アドレスが少数であるならば，例えば外部監査人など第三者の監督のもとで，実際に当該アドレスから暗号資産を移動させることで所有を直接的に証明することができる。しかし，大量のアドレスに分散して資産を保有している場合に同様の手法を実施することは，時間的制約や資産移動にかかるコストを考慮すると，現実的とはいえない。

　暗号資産の移動を行わずに秘密鍵の保有を証明する方法として，ブロックチェーンを支える基盤技術である公開鍵認証方式の仕組みを活用することが考えられる。ブロックチェーンには各アドレスに紐づく公開鍵が格納されており，この情報はブロックチェーンにアクセス可能なすべてのユーザーに対して公開されている。暗号資産の保有とは，すなわち対応する秘密鍵の保有であるから，外部監査人などの第三者が指定した文字列を，暗号資産の保有者が秘密鍵で暗号化し，これをブロックチェーンから取得した公開鍵で正確に復号できることを確かめることによって，間接的に暗号資産の保有を証明することができる。この方法は，暗号資産を移動させる必要もなく，秘密鍵を直接第三者が確認する必要もないため，非常にセキュアな証明方法であるといえる（**図表3－3－**

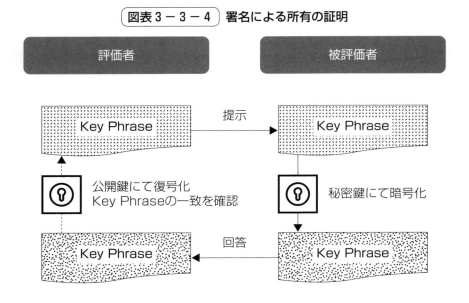

図表3-3-4 署名による所有の証明

4）。

　所有の証明のような実証的手続によって，専有性を証明することはできない。したがって，専有性を証明するためには，秘密鍵がその精製，保管，廃棄までの一連のプロセスにおいて，外部に漏洩しない形で適切に管理されるようにコントロールが整備・運用されていることを証明することが必要となる。具体的には，秘密鍵を保管しているエリアへの物理的なアクセス制限の方法や，秘密鍵を管理するアプリケーションへのアクセス制限の管理方法を理解し，鍵の不正利用や漏洩が発生するリスクが十分に低減されていることを確認する必要がある。上記では暗号資産に対する監査手続を例示したが，暗号資産以外のデジタル資産についても，構築すべきコントロールの観点は変わらない。すなわち，デジタル資産の管理に対して対外的な信頼を獲得するためには，企業があるデジタル資産に対して確かに所有権を保有していることをどのように示す

か，その所有が専有的であることをどのように示すかが重要になる。

　デジタル資産の所有の状況について対外的に公表を行う義務がない場合であっても，企業の資産状況を適切に把握し，また企業の資産を保護するうえでは，これらの観点からコントロールを構築し，その運用状況が適切であることを適宜モニタリングしなければならない。

　また，利用しているパブリックチェーンに関する情報を適時に把握できるような情報収集の枠組みを構築し，例えばハードフォーク[3]のようなシステムの根幹に関わるような重要なイベントが発生した場合に，対応を適時適切に検討できるようにあらかじめルールを整備しておくことが重要になる。

③　プライベートチェーンとパブリックチェーンのコントロールにおける相違点

　プライベートチェーンについては，許可されたノードのみが参加できるという点で，ブロックチェーン全体に適用されるようなコントロールを構築可能である。例えば，自社利用目的のみに構築されたブロックチェーンであれば，自社内にのみ適用されたコントロールを構築すればよく，サプライチェーン全体を管理するような企業横断的に利用されるブロックチェーンの場合には，コントロールも企業横断的な視点で構築することで，サプライチェーン全体への信頼性を担保することが必要になる。

　実施すべき具体的なコントロールは，ブロックチェーンの公開範囲に応じて異なるため，以降ではプライベート型チェーンとコンソーシアム型チェーンに分けて詳細を記載する。

3　ブロックチェーンのアルゴリズムに互換性がない形で変更が加えられ，チェーンが変更前後で分岐すること。一定以上のノードが変更に合意した場合に発生する。

④　プライベート型チェーン利用時のコントロールやガバナンスの観点

　プライベート型のブロックチェーンには，一企業内で完結する自社利用目的のシステムと，他社に提供するインフラ環境としてのシステムが想定される。

　自社利用目的のブロックチェーン導入事例としては，リレーショナルデータベースを基盤とする既存のSoR型のシステム[4]をブロックチェーンに置換することで，データの信頼性を向上させるようなケースが想定される。この場合，構築すべきガバナンスとしては従来型のシステムと本質的な差異は存在せず，従来のリレーショナルデータベースの管理と同様に，アクセス権の管理やモニタリング活動を厳格に行う必要がある。アクセス権の管理については，パスワードによる管理から秘密鍵によるアクセス権の管理になることで，実施する管理手続を変更する必要があることが想定される。しかし，例えば秘密鍵の管理自体は，ブロックチェーン以外の鍵認証を利用するシステムでも同様に重要であるため，ブロックチェーン固有の観点とはいえない。既存システムのガバナンスを構築した際と同様，システムの利用に係るリスクを適切に評価して，適切なコントロールを整備することが重要である。

　管理者が存在する場合においてブロックチェーンにかかるコントロールが重要になる理由は，不正アクセスや従業員による内部不正によるデータ更新リスクに対してはブロックチェーンのシステム特性である改竄耐性が有効に機能するものの，システム管理者のようにシステムに対する包括的管理権限を保有している立場にあれば，データの改竄が可能になるためである。この点は，特に対外的にシステムの信頼性を主張する際に重要であり，ブロックチェーンを利用していればすなわちデータ

4　System of Recordの略。データの記録と保管を目的とするシステム。マーケティングに利用されるなど，システムを通じた新たな価値を生み出していくようなものをSystem of Engagement（SoE）と呼ぶ。

の信頼性が自動的に担保されるわけではなく，関連するコントロールの
有効性を保証する枠組みを構築することが不可欠となる。

　一方で，他社に提供するインフラとしてのシステムとして，すなわち
IaaS/PaaS[5]のような形態でブロックチェーンを構築するケースの場合，
サービス提供事業者とサービス利用者のそれぞれが必要なコントロール
やガバナンスを構築する必要がある。サービス提供事業者が実施すべき
ガバナンスは，上記の自社利用のケースと同様であり，採用しているブ
ロックチェーンのアルゴリズムに基づいてリスクアセスメントを実施し，
適切なコントロールを整備することが重要である。また，プラット
フォーム利用者のデジタル資産を管理するような場合には，改正資金決
済法の要求に従って，サービス事業者とサービス利用者の資産の分別管
理が適切に行われるように管理することが必要となる。

　サービス利用者は，プログラムの開発管理や変更管理プロセスの要件
定義工程やテスト工程の中に，利用しているプラットフォームの特性に
合ったアプリケーションの設計がされていることを確認する必要はある
ものの，ブロックチェーンそのものの管理はサービス事業者にて実施さ
れているため，ガバナンスという観点でブロックチェーンであるがゆえ
の特別な対応は必要ない。重要な点は，クラウドサービスを利用する際
と同様，サービス事業者の責任範囲とサービス利用者の責任範囲を明確
にし，自社の責任範囲において実施すべき対応を明確にすることである。
こうした整理を行うためには，国による公的認証制度の導入や，外部監
査の評価レポートである「受託業務に係る内部統制の保証報告書（SOC[6]

5　クラウドサービスの提供内容に関する分類の一種。主だったものとしてSoft-
　ware as a Services（SaaS），Platform as a Services（PaaS），Infrastructure as a
　Services（IaaS）が挙げられ，一例としてSaaSはネットワークを経由したアプリ
　ケーションを提供するサービス，PaaSはOS/DBMS/Middlewareをパッケージ化
　して提供するサービス，IaaSはハードウェア基盤を提供するサービスを指す。

6　System and Organization Controls（米国公認会計士協会による）

レポート）」を利用して，サービス事業者が実施しているITガバナンスの整備，運用状況を正しく理解することが必要となる。

⑤　コンソーシアム型チェーン利用時のコントロールやガバナンスの観点

コンソーシアム型チェーンで実施すべきガバナンスは，基本的にはプライベート型チェーンにて実施すべき内容と同じであるが，コンソーシアム型チェーンの場合，その管理が複数の事業体によって共同で実施されているため，その適用範囲はプライベート型チェーンよりも広範になる（**図表3－3－5**）。コンソーシアムに参加する組織に対して横断的に適用されるガバナンスを整備し，各組織の責任範囲を明確にし，システム全体として適切な管理が行われるように担保することが重要になる。コンソーシアム型チェーンのガバナンスを考慮する際に，プライベート型チェーンでのガバナンスに追加して検討すべき主要な論点は以下の3つに集約される。

図表3－3－5 コンソーシアムのガバナンス適用範囲

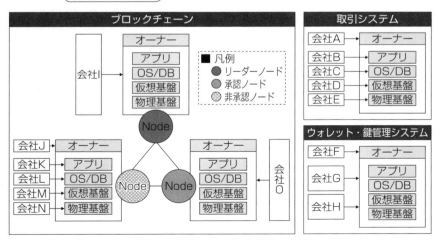

(i)　コンソーシアムの管理者[7]全体に適用されるガバナンスをどのように整備するか

　例えばグループ会社で利用するシステムの基盤としてブロックチェーンを利用し，グループ系列企業のみを管理者とするようなコンソーシアムの場合，すでに適用されているその他のグループガバナンスと同様にコンソーシアム運用に関する方針・規程・手続を定めればよい。また，ガバナンスの提供状況のモニタリングや各企業に課せられた責任の履行状況についても，例えば持株会社の管理部門が一元的に管理する等，比較的容易に企業横断的なガバナンスを構築できる。

　一方で，競争関係にある企業を管理者に含むような，業界共通のプラットフォームとしてコンソーシアム型ブロックチェーンを利用する場合，企業間の利害対立を調整してプラットフォーム全体のガバナンスを適切に管理するような枠組みを構築する必要がある。管理者が多く，個別の調整が難しいような場合には，例えば管理者の出資によりコンソーシアムを管理するための合同会社を設立し，コンソーシアムとして実施すべきガバナンスの運用を委託するような形態も考えられる。

　重要な点は，どのような形態であれ，利用するブロックチェーンのリスクアセスメントを適切に実施し，各管理者で実施すべき事項を指針として定めることで，コンソーシアム全体に適用される一貫したガバナンスが構築されるように管理することである。また，定められた指針に違反した場合のペナルティの設定などにより，指針に従ったガバナンスが実行されるような動機づけを行うことも，実効性を担保するうえで有用であると考えられる。

7　本書では，コンソーシアムの管理・運営に関与している組織をコンソーシアムの「管理者」と表現する。具体的には，トランザクションを承認する機能を有するノードを保有している企業を指す。

⒤　コンソーシアムの各管理者におけるガバナンスの実施状況をどのように把握するか

　コンソーシアムの各管理者のコントロール実施状況は，適切にモニタリングされる必要がある。特に，コンソーシアムの管理者が管理するノードのブロックチェーン上での役割が非対称である場合[8]，他の管理者が管理するノードによって実行される機能の有効性は，処理を実施しているノードを管理する企業にて実施されているコントロールの有効性に依存することになる。すなわち，企業横断的な単一巨大システムとしてブロックチェーンを構築する以上，システムの機能の管理を一部外部委託しているような形態となる。特にトランザクションを検証する機能については，分散仮台帳という特性上，他の管理者によって管理されているノードの機能に依存せざるを得ない（**図表3－3－6**）。

　仮に管理者の大部分がコントロールを適切に整備しておらず一定数以

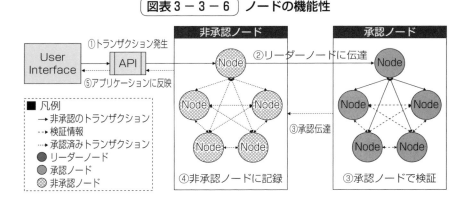

図表3－3－6　ノードの機能性

8　例えば，PBFT（Practical Byzantine Fault Tolerance）の承認アルゴリズムにおいては，トランザクションを受け取る窓口となるノード，トランザクションの検証を行い承認するノード，承認が完了してトランザクションが確定したことをアプリケーションに伝達するノードの3種類が存在する。

上のノードが適切に動作しなくなった場合や，複数の管理者の共謀による不正が行われた場合には，ブロックチェーンの高可用性や改竄耐性という便益は失われ，コンソーシアム型チェーンは信頼できる基盤としては機能しえなくなる。

　したがって，コンソーシアム型チェーンの管理者は，自社の責任範囲と他の管理者の責任範囲を明確にし，自社の責任範囲におけるコントロールを適切に実施するとともに，他の管理者のコントロールの整備・運用状況を把握し，システムの信頼性を脅かすようなリスクが顕在化していないことを常に確認しなければならない。具体的には，管理者同士で他の管理者のコントロールの状況に対する外部監査（コンソーシアム全体としてみれば内部監査に当たる）を実施することで相互牽制を行う，監査法人やコンサルティング会社などのコンソーシアムから独立した第三者による外部監査を受けるなどの取組みを定期的に実施するなどが想定される。

ⅲ　コンソーシアム型のブロックチェーン利用者[9]が，コンソーシアム全体のコントロールやガバナンスをどのように把握するか

　IaaS/PaaSのようなプラットフォームとして公開されているコンソーシアム型ブロックチェーンをユーザーとして利用する場合，コンソーシアムの責任範囲と利用者の責任範囲を明確にし，利用者の責任範囲で実施すべきコントロールを整備するとともに，コンソーシアム全体としてのコントロールの有効性がどのように担保されているかを確認しなけれ

9　本書では，コンソーシアム型ブロックチェーンを利用している企業や個人を「利用者」と表現する。具体的には，コンソーシアム型ブロックチェーンをIaaS/PaaSのように利用している企業や，ブロックチェーン上のデータに対する参照権限のみを保有しているような企業など，コンソーシアム型ブロックチェーンを利用する他の企業に影響を与えるような行為を実行できない企業を指す。

ばならない。確認の方法としては，プライベート型チェーンを基盤とするプラットフォームを利用する場合と同様，自主規制団体もしくは監督官庁が定める規制に準じて発行されたSOCレポートなどを利用して，コンソーシアムに対する監査結果を確認する等の手法が考えられるが，これらの開示された情報がコンソーシアム全体をカバーしていることを確認する責任は利用者側にあることに留意が必要である。コントロールの適正な運用が保証されている範囲がコンソーシアムの一部に限定されている場合には，保証されていない範囲で何か重大なリスク事象やコントロールエラーが発生した場合に生じうる影響を適切に理解し，利用企業として実施できる対策を構築するか，当該コンソーシアムを利用しないなどの対応を行う必要がある。

　これらの論点は，すなわちコンソーシアム全体としてのITガバナンスをどのように構築し，管理していくかという問題であり，企業におけるガバナンスのフレームワークを組織横断的に拡大して適用することが有用である。すなわち，従来においては各社経営層が担っていたガバナンスの機能をコンソーシアムが担い，管理者層が担っていたマネジメントの機能をコンソーシアムに参加する各社が担う枠組みを整備すればよい（**図表 3 － 3 － 7**）。

　コンソーシアムは各社に対してブロックチェーンにかかるガバナンスの指針を方向づけし，各企業は指針に従ってPDCAサイクルを回して運用業務を実施する。コンソーシアムは各社の運用状況を定期的にモニタリングし，環境やリスクの変化を踏まえて指針の追加・変更要否を検討し，再度各社に対して方向づけを行う。さらに，こうしたガバナンスが適切に運用されていることを対外的に証明するためには，第三者による監督機能を設け，定期的な監査を実施し，その結果をコンソーシアムとして利用者に対して開示する仕組みを整備しなければならない。

　こうした取組みを実施するためには，コンソーシアムの管理者および

利用者の役割分担や費用負担についてあらかじめ慎重に協議し，コンソーシアム全体として一丸となってガバナンスを構築することが欠かせない。競合する企業間で利害を調整し，共同利用するプラットフォームを構築することは容易ではないと想定されるが，業界横断的なプラットフォームの構築からもたらされる便益もまた非常に大きいことは，これまで本書で述べてきたとおりである。ブロックチェーンという新しいプラットフォームがもたらす可能性を，各業界が一体となって追求することを期待する。

図表3－3－7　ITガバナンスのフレームワーク

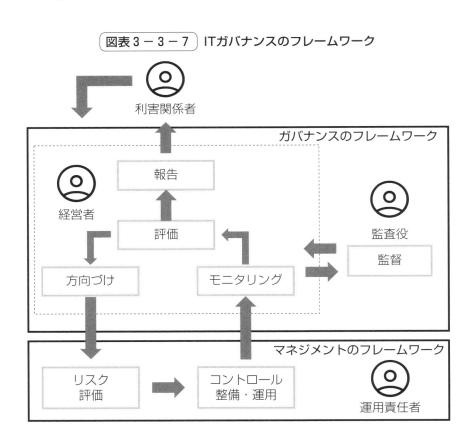

第4節 人材・組織

　本節では，ブロックチェーン技術を導入する際の，人材の獲得・育成や組織設計における留意点を紹介する。一般に，DXを支える各種の新技術（以下「新技術」という）を導入してサービス開発やビジネスプロセスの変革を実現するためには，サービスの企画・設計・導入を主導する人材と，こうした人材が能力を発揮できるよう後押ししつつ，新技術導入に伴うリスクを低減させる組織環境が必要になる。

　本節の前半では，ブロックチェーン技術の導入に際して，どのような個人の能力が求められるか，および，そうした要件を有する人材をどのように確保・育成すべきかを整理する。また，本節の後半では，新技術の導入を促す組織文化を構築するためには何が必要か，および，新技術の導入に伴うリスクを抑えるためにはどのような組織構造が必要かを整理する。なお，本節で取り上げる論点の多くは，ブロックチェーン技術に限らず，DXを支える新技術全般を導入する際にも共通していると考えられる。このため，ブロックチェーン技術に限定されない内容については，新技術という言葉を用いて記述している。

(1) 人　　材

①　知識・経験に関する要件

　ブロックチェーン技術の導入・活用を支える人材の要件は，ブロックチェーン技術を用いたサービス開発やビジネスプロセスの変革を進めるビジネス的な知識・経験と，個々のシステムを設計・開発・運用するための技術的な知識・経験の2つの側面から整理できる。新技術の導入を進める人材の要件を考える際は，技術面に目が向きがちだが，新技術を導入・活用して事業上の成果につなげるためには，ビジネス面の能力に

も着目する必要がある。

　ブロックチェーン技術を用いたプロジェクトを実際に進めている企業では，ビジネス的な知識・経験として，各ステークホルダーのニーズに即したソリューションを提案・実現するための，クライアント・ビジネスパートナー・自社のビジネスモデルに対する深い理解や，新たなソリューションの企画・実現をドライブするプロジェクトマネジメント能力を求めている事例が多い。

　また，技術的な知識・経験としては，一般的なシステム開発の知識・経験（各種言語でのプログラミング能力，システムを稼働させるクラウド基盤等の知識，ソフトウェア開発の実務経験等）に加え，特にブロックチェーン技術の特徴に関連した以下のような知識・経験が重視されている。

- 複数の参加者がブロックチェーンネットワーク上の取引について合意を形成する仕組みを支える，分散システムに関する知識・経験
- 分散ネットワーク上で信頼を担保するブロックチェーン技術に欠かせない，暗号技術を中心としたセキュリティ技術の知識・経験
- ブロックチェーン上にデータを格納していく際に必要となる，データベース技術やデータ構造に関する知識・経験

（図表3－4－1）　ブロックチェーン関連人材に求められる要件の例

分　類		ブロックチェーン関連人材に求められる要件の例
ビジネス面の知識・スキル	クライアント・ビジネスパートナー・自社のビジネスモデルに対する深い理解	• クライアント・ビジネスパートナー・自社のビジネスに対する洞察力 • ブロックチェーン技術に関連する法規制の知識（暗号通貨関連の規制，プライバシー関連規制等）
	プロジェクトマネジメント能力	• 急速に進化する環境で仕事をした経験（リーダー／チームプレーヤーとしての能力） • ステークホルダーの課題を把握し改善を助言するコンサルティング能力 • 交渉スキル
	データドリブン型のビジネス変革能力	• ブロックチェーン技術を活用して，顧客や社会のニーズをもとに，製品やサービス，ビジネスモデルを変革するという思考やマインド • バリューチェーン全体におけるデータ活用の知識・経験
ブロックチェーン技術を活用するために必要となる知識・経験	ブロックチェーン技術自体に関する知識・経験	• ブロックチェーン技術の基本的な仕組みに関する知識（取引の記録，マイニング，スマートコントラクト等） • パブリックブロックチェーンやプライベートブロックチェーンなど，ブロックチェーン技術の分類方法およびそれぞれの特徴に関する知識 • ビットコイン，イーサリアム，Hyperledger等，特定のブロックチェーン技術に関する知識・経験 • ブロックチェーン技術の主なユースケースに関する知識・経験
	セキュリティ技術の知識・経験	• 暗号技術に関する基礎知識（公開鍵暗号方式等） • ブロックチェーン技術において暗号技術が果たす役割についての知識（ハッシュ，デジタル署名等） • ブロックチェーン技術におけるセキュリティリスクと，リスクを低減するベストプラクティスに関する知識・経験 • セキュリティ優先の開発マインド
	データベース技術やデータ構造に関する知識・経験	• データ構造，アルゴリズム，データベース技術に関する基礎知識 • ストレージアーキテクチャやストレージ仮想化に関する知識・経験 • SQLおよびNoSQLに関する知識・経験

	分散システムに関する知識・経験	• 分散コンピューティングに関する基礎知識（合意をはじめとする分散アルゴリズム等） • 分散システムの実装経験
一般的なシステムの知識・経験	ソフトウェア開発の実務経験	• ソフトウェア開発者としての経験（4～5年以上） • ソフトウェア開発の各段階における経験（企画検討，要件定義，設計，実装，テスト等） • UI/UXデザインの知識・経験 • アジャイル／リーンアプローチ，DevOps等，開発するサービスに適したアプローチに関する知識・経験 • オープンソースプロジェクトへの貢献経験
	各種言語でのプログラミング能力	• ブロックチェーン技術に関連して用いられることが多い言語やフレームワークに関する知識・経験（C，C++，C#，Java，Scala，Rust，Swift，Go，Clojure，Python，R，JavaScript）
	システムを稼働させるクラウド等の基盤についての知識・経験	• Amazon，Google，Microsoft等が提供する主なクラウド基盤サービスの知識・経験 • LinuxやUbuntuに関する知識・経験

②　人材の確保・育成

(i)　職務定義書

　新たな知識・経験を有する人材を確保するためには，こうした人材に対する期待事項を明確化し，採用・育成・評価等といった人材管理の各段階において人材に対する考え方を統一することが欠かせない。期待事項を明確化するために一部の企業が取り入れている手法として，職務定義書（職務記述書）の作成が挙げられる。

　職務定義書は，特定の従業員に割り当てられた仕事（職務）の内容を記載した文書であり，本来的には仕事の重要度に応じて従業員の待遇を決定する職務給制度の中核となるツールである。日本では，従業員の能力（職務遂行能力）に応じて待遇を決定する職能給制度を原則としている企業も多く，こうした企業では職務定義書が作成されていない場合も

図表3－4－2 職務定義書イメージ

職務名称	ブロックチェーン技術を用いた新サービスの企画立案統括
役割	ユーザーニーズやブロックチェーン技術の特性を踏まえて，新たなサービスを立案する

職務内容		
ユーザーニーズや技術動向の調査・分析		①業界動向・技術動向を幅広く調査し，自社の業界におけるポジション・経営方針・経営戦略に与える影響を分析する。
		②業界動向やトレンド情報などの情報源に基づき，ターゲットとなるユーザー層の特性に応じて，サービスニーズを把握・分析する。
		③収集・整理・分析した情報について，関係者・関連部門に報告・伝達し，新技術に対する社内の理解度向上を促す。
新サービスの企画・立案		①プロジェクトの統括責任者として，ユーザーニーズ，技術動向，市場動向を踏まえ，ユーザーの課題を解決し優位性のあるサービスの企画を立案する。
		②過去の経験や競合サービスの状況を把握したうえで，収益モデルを策定する。また，ユーザーニーズの充足や組織全体としての予算目標を前提として，妥当かつ効率的な予算を設定する。
		③企画した新サービスの実現に最適な技術を特定し，システム概要を策定する。システム概要の策定にあたっては，機能面だけでなく，セキュリティ等の非機能要件の策定にも責任を負う。
		④開発者・ビジネスパートナー等と連携して，継続的に企画の進捗確認，実現可能性検証，修正・改善を行う。
サービス運営計画の策定		①プロジェクトの統括責任者として，予算額やシステム概要を考慮したうえで，サービスの運営計画を具体化する。その際は，通常の業務プロセスに加えて，利用者増によるシステムの負荷への対応や，インシデント発生時の対応などの有事に備えたプロセス・統制の検討にも責任を負う。
		②新サービスの特徴を踏まえ，自社の強みを活かした事業展開を行えるよう，新サービスにかかる組織体制の確立や人材育成を行う。

必須のスキル／前提となる知識	
ブロックチェーン技術固有の知識・技術	ブロックチェーン技術自体に関する知識・経験
	分散システムに関する知識・経験
	セキュリティ技術の知識・経験
	データベース技術やデータ構造に関する知識・経験
システム企画の知識・経験	各種言語でのプログラミング能力
	システムを稼働させるクラウド基盤についての知識・経験
	ソフトウェア開発の実務経験
ビジネス面の知識・経験	ユーザー・ビジネスパートナー・自社のビジネスモデルに対する深い理解
	市場動向の調査能力
	需要予測・販売予測の知識・経験
	バリューチェーン全体におけるデータ活用の知識・経験
	プロジェクトマネジメント能力
	関連法規制に関する知識

主なKPI	
財務の視点	新サービスにかかる収益と費用の額
	新サービスにかかる投資回収状況
ユーザーの視点	アクティブユーザー数
業務プロセスの視点	サービスの利用状況
	インシデント発生回数
人材と変革の視点	新サービスの提案件数
	実施された提案件数または比率
	ユーザーニーズや技術動向を共有するために実施した取組み（教育研修や記事執筆）の件数

多いと考えられる。どのような人事制度のもとでも，新たな能力や技術を有する人材を確保する際は，「技術的な知識・経験はあるがビジネス面の知識・スキルが伴わず，結果的に期待するパフォーマンスが発揮できない」など，人材の役割について認識相違が生じやすい。このため，職能給制度を原則とする場合でも，代表的な職務については職務定義書を作成し，新たな能力や技術を有する人材の役割を明確化することが有効である。

　職務定義書には，職務の概要，職務の成果を測定する主なKPI，職務遂行に必要となるスキルや前提知識を記載することが一般的である。ブロックチェーン技術の導入・活用を支える人材の職務定義書には，上述の技術的・ビジネス的な側面を盛り込むことが望ましい。

(ii) アップスキリング

　ブロックチェーン技術のような新技術を用いて新サービスの開発やビジネスプロセス改善を進める際は，クライアントニーズに応えるサービス開発や現場の実態に即したプロセス改善を担う人材を組織全体に配置できるよう，従業員の知識・技術水準を組織横断的に引き上げることが不可欠である。しかしながら，こうした人材の育成は容易ではない。例えば，海外・国内のCEOを対象とした最近の意識調査では，ソフトスキル，テクニカルスキル，デジタルスキルを組み合わせたスキルアップの取組みが進展していると回答した日本の経営者の割合は２％にすぎなかった。また，回答者の40％が，スキルアップの取組みにおける最重要課題として，従業員の学習と新技術の活用意欲を高める施策を挙げている（PwC「第23回世界CEO意識調査」）。

　従来の仕事のあり方が自動化や新技術の導入で大きく変化しているにもかかわらず，デジタル社会のニーズを満たす人材が極めて不足しているという問題に対する人材育成アプローチとして，アップスキリングが挙げられる。アップスキリングとは，急速に変化するデジタル社会の人材ニーズに応えられるよう，企業にとって魅力ある能力を開発する取組みを指す。今後のデジタル社会における仕事の変容を見据えた研修を，従業員に幅広く提供する点が，従来の企業研修と比べたアップスキリングの特徴である。

　アップスキリングの主な流れは，現状分析を行い，従来の人材が有しているスキルと，今後の仕事で必要となるスキルのギャップを洗い出す

（図表3－4－3）アップスキリングの流れ

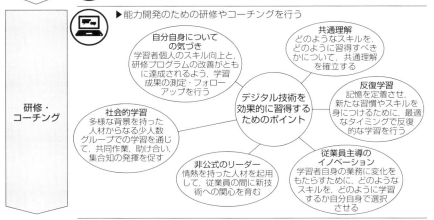

| 現状分析 | | ▶現状有する人材のスキルと将来必要となるスキルを整理し，ギャップを見出す |

| ポートフォリオの定義 | | ▶デジタル社会の人材ニーズを念頭に，望ましいスキルポートフォリオを定義する |

研修・コーチング　▶能力開発のための研修やコーチングを行う

自分自身についての気づき
学習者個人のスキル向上と，研修プログラムの改善がともに達成されるよう，学習成果の測定・フォローアップを行う

共通理解
どのようなスキルを，どのように習得すべきかについて，共通理解を確立する

反復学習
記憶を定着させ，新たな習慣やスキルを身につけるために，最適なタイミングで反復的な学習を行う

デジタル技術を効果的に習得するためのポイント

社会的学習
多様な背景を持った人材からなる少人数グループでの学習を通じて，共同作業，助け合い，集合知の発揮を促す

非公式のリーダー
情熱を持った人材を起用して，従業員の間に新技術への関心を育む

従業員主導のイノベーション
学習者自身の業務に変化をもたらすために，どのようなスキルを，どのように学習するか自分自身で選択させる

| 効果測定と改善 | | ▶従業員の参加状況や，業務におけるパフォーマンスを分析し，効果測定と改善を継続的に実行する |

ことから始まる。次いで，デジタル社会の人材ニーズを念頭に，望ましいスキルポートフォリオを定義する。こうして定義されたスキルの獲得を促すための研修を開催し，個々人の状況に応じたコーチングを行う。研修開催後は，従業員の参加状況や業務におけるパフォーマンスを分析し，効果測定と改善を継続的に行うことが不可欠である。

(2)　組織・カルチャー

①　新技術の導入・活用を促す組織文化

　新技術に関する知識・経験を有する個々の人材を確保できたとしても，

イノベーションを促す組織文化が根づいていなければ，新サービスの開発や，ビジネスプロセス改善といった成果につなげることは難しい。ここでは，組織文化を，組織に所属する人々が暗黙の前提としている行動様式の集合体と定義し，望ましい組織文化の醸成方法を検討する。

　人々の行動様式の集合体である組織文化を直接的に変化させることは困難だが，組織文化を構成する6つの要素に着目し，以下のような問いかけを行うことで，イノベーションを促す組織文化が醸成されているか間接的に確認することができる。例えば，新技術の導入においては，組織内のパワーバランスや権限・役割の曖昧さにより，適切な導入タイミングを逃したり，十分な準備が整わない状況での導入に陥ったりするケースが垣間見られる。明確な意思決定プロセスの構築や，組織間の利害関係を調整する横断的機能を配置するなど，ガバナンスや組織体制を整備することが，イノベーションを促す組織文化醸成において有効である。

図表3－4－4　組織文化の構成要素と確認ポイント

組織文化の構成要素	確認すべきポイント	望ましいプラクティスの例
リーダーシップ	新技術の導入に向けて，経営陣が自ら先例を示しているか。	・事業の成功には新技術の導入が必要であることを，経営陣が随時・定期的に発信している。 ・経営陣が率先して新たな技術を利用し，そのメリットを発信している。
ガバナンスと組織体制	新技術の導入を促す組織体制になっているか。	・新技術への投資意思決定や，新事業の承認など，新技術に関連する意思決定の方法が明確に定義され，適切な責任分担と権限委譲が行われている。 ・新技術の導入にかかる役割・責任が，システム開発部門や情報セキュリティ部門等の特定の部署だけでなく，事業部門も含めて組織横断的に割り振られている。 ・新技術に伴うリスクを低減するための組織体制を構築し，新技術の導入促進とリスク管理のバランスを取っている。

コミュニケーション	新技術の導入に関するメリット・成功事例と，デメリット・潜在的なリスク・失敗事例の双方が，適時にコミュニケーションが行われているか。	・上下方向のレポートラインが確立され，新技術の導入について報告すべき事項が定義されている。 ・部門，事業，地域をまたいだ水平方向の情報共有体制が確立され，双方向のコミュニケーションが行われている。
人材マネジメント	新技術にかかる人材を採用・育成・評価する人事制度が存在するか。	・望ましい人材要件を定義したうえで選考が行われている。 ・新技術の導入に焦点を当てた入社時研修や継続的な人材開発プログラムが実施されている。カリキュラムには，コンプライアンスやリスク管理に関する事項も含まれている。 ・新技術を用いたサービス開発や業務プロセス改善に携わる人材の評価方法が確立されている。評価の際は，新技術にかかる取組みが短期的な成果につながらないケースも想定されるため，必要に応じて他の人材とは異なる評価基準を用いている。 ・内的な動機づけ要因（職務のやりがいや好奇心の喚起）と外的な動機づけ要因（報酬等）のバランスが取れた人事制度となっている。
事業運営のルールやプロセス	新技術の導入や利用に関する方針・戦略・ルールが，組織全体で統一されているか。	・新技術の導入にあたって目指すべきゴールが明確に定義されている。 ・新技術の導入に関するリスク選好度を明確化したうえで，一貫性のある管理プロセスが構築されている（新技術への投資基準，人事評価制度，ITセキュリティ管理態勢等）。 ・新技術の導入による効果が見込まれる場合は，過去の慣行にとらわれず，業務プロセスを合理化している。
技術・インフラ	ITインフラの構成や各種データの生成・保管方法は，導入しようとしている新技術と親和性があるか。	・新技術への投資基準が整備されており，新たな技術が積極的に導入されている。 ・インシデントが発生した場合の影響を低減できるよう，情報セキュリティリスクの管理態勢が構築されている。 ・ブロックチェーンネットワーク上のデータを改竄することは困難だが，欠陥のあるデータがブロックチェーンネットワーク上に保存されないようにする必要がある。データの生成・利用方法に関する組織方針や各部門の責任が明確化され，データの完全性が確保されている。

② 新技術導入のリスクを低減する組織構造

　新技術の導入にはさまざまなメリットが期待されるが，新技術の導入・活用を促す組織文化の醸成と並行して，新技術に伴うリスクを低減させる組織づくりも必要となる。

　ブロックチェーン技術に関するリスクはさまざまな切り口で整理することができるが，一例として，ブロックチェーンネットワーク上で取引を処理する各段階におけるリスク，ブロックチェーンを用いたシステムの各構成要素におけるリスク，および，ビジネス上の要件にかかるリスクに分けて整理することができる。また，こうしたリスクは多岐にわたり，複数の関係者がリスク管理に当たる必要があるため，組織内の役割分担を明確化し，関係者が積極的，能動的に連携を強化することが重要である。

　リスク管理の体制は，3つのディフェンスラインモデルの考え方を用いて検討されることが多い。

- 第1のディフェンスライン：現場部門にて，リスクを識別・評価し，リスクを低減させる統制を構築・運用する。
- 第2のディフェンスライン：管理系部門にて，現場部門が効果的なリスク管理活動を実施できるよう助言・サポートしたうえで，リスク管理活動の状況をモニタリングする。
- 第3のディフェンスライン：内部監査部門にて，組織全体のリスク管理が効果的に行われているかについて，独立した立場で内部監査を行い，経営陣に報告する。特に，第1，第2ディフェンスラインだけでは対処できない制約等について注意を喚起し，解決を促すことが重要となる。

　ブロックチェーン技術に関する主なリスクと，各リスクに関係するディフェンスラインとしては，以下が挙げられる。ブロックチェーン技術を用いた新サービスの開発・導入を進めている企業では，要件定義等

(図表3－4－5) 主なリスクとディフェンスライン

想定されるリスクの例		リスク管理体制		
		第1のディフェンスライン	第2のディフェンスライン	第3のディフェンスライン
ブロックチェーン上での処理・取引のプロセス	（ユーザー認証）利用者認証機能のエラーや，特定の認証方式に対する攻撃により，取引情報の漏洩，不正な処理，情報の窃取等が生じるおそれがある。	事業部門：サービス・システムの機能面だけでなく，セキュリティ等の非機能面も含めて要件を明確化。システムのリリース後は，業務フローの各段階で必要な統制を運用。	ITセキュリティ部門：事業部門やシステム開発・運用部門に対して，セキュリティ確保のためのガイダンスを提供。また，セキュリティリスクを低減する仕組みが適切に実装され，有効に運用されていることをモニタリング。	内部監査部門：第1／第2のディフェンスラインが効果的に機能しているか監査し，経営陣に適宜改善を促す。特に，第1／第2のディフェンスラインへの資源・予算配分や，部門間の役割分担など，各ディフェンスライン単体では対処が難しい課題についても注意喚起。
	（暗号鍵による秘匿や署名）ブロックチェーン技術では暗号鍵が中心的な役割を果たしているため，暗号鍵の紛失や盗難，弱い暗号鍵の生成，暗号技術の危殆化等により，システムの利用・運営に深刻な影響が生じるおそれがある。			
	（トランザクションの実行）故意または過失によって，改竄されたトランザクションや，過去の取引と整合性の取れないトランザクションが実行されるおそれがある。	システム開発・運用部門：セキュリティリスクに配慮したシステムを設計・構築し，システム関連の統制を継続的に運用。		
	（コンセンサスの形成）51％攻撃や，パーミッション型ブロックチェーンにおける管理者権限の悪用等が生じた場合，コンセンサス形成の成否が特定ノードの動作に左右され，不正な取引の正当化や正当な取引の否認が行われるおそれがある。			
	（ブロックチェーン技術自体の脆弱性）特定のブロックチェーンアプリケーションの脆弱性を突いた攻撃により，システムの停止や破損，データへの不正アクセス等が発生する可能性がある。			

想定されるリスクの例		リスク管理体制		
		第1のディフェンスライン	第2のディフェンスライン	第3のディフェンスライン
システムの構成要素	（モバイル決済・デジタルウォレットアプリ） モバイル決済・デジタルウォレットアプリに対する攻撃や，ソースコードのリバースエンジニアリングや改変が行われるおそれがある。			
	（APIのセキュリティ） APIの開発・仕様決定にあたって，接続先や利用者の意向・事情が十分に反映されない場合は，APIの利用方法が限定される，セキュリティ確保の仕組みが不十分となる等の事態が生じるおそれがある。			
	（OS／データベース） ブロックチェーンアプリケーションが稼働するOSやデータベースの脆弱性を通じて，ブロックチェーンアプリケーションが正しく動作しない，ブロックチェーン上のデータが損なわれるといった事態が生じるおそれがある。			
	（HSM：Hardware Security ModuleやCA：Certification Authority） HSMを用いた暗号鍵の管理やCAによる認証を行っている場合に，HSMやCAの運用方法が標準化・明文化されていないと，鍵情報の喪失や漏洩，不正アクセスが生じ，暗号資産の喪失や，不正なトランザクション要求につながるおそれがある。			

想定されるリスクの例	リスク管理体制		
	第1のディフェンスライン	第2のディフェンスライン	第3のディフェンスライン
（クラウド基盤）システムをクラウド上に構築する場合に，ソフトウェアやハードウェアの管理がサードパーティのクラウド事業者に委譲されるというクラウドの特徴を踏まえた管理が行われないと，システムの動作やセキュリティ水準に影響が生じるおそれがある。			
（拡張性／移植性）システムの拡張性，後方互換性，移植性等に制約がある場合は，サービス利用者の増加に伴う他システムへの移行，ユースケースの拡大によるシステム変更，現行技術の危殆化に伴うシステム更新等が円滑に進まないおそれがある。			
（可用性の確保）取引量の増加による処理遅延や，特定のノードまたはブロックチェーンネットワーク全体の障害によるブロックチェーン上の情報の消失により，ブロックチェーンアプリケーションの動作に影響が生じる可能性がある。			
ビジネス上の要件 （機密保持）パブリック型ブロックチェーンでは，基本的にすべての参加者がすべての取引履歴を閲覧できる。また，アクセス制御の仕組みを導入していても，故意・過失によりアクセス制御が機能しない可能性がある。こうした場合，本来許可したい範囲を超えて，機密情報が漏洩するおそれがある。	事業部門：リスクを低減する統制も勘案して，サービススキームの検討や業務フローの構築を実施。サービスリリース後は，業務フローの各段階で必要な統制を運用。	リスク管理部門：ブロックチェーン技術等の新たな技術に固有のリスクについても，リスクの識別・評価・対応が適切に行われるよう助言。	

想定されるリスクの例		リスク管理体制		
		第1のディフェンスライン	第2のディフェンスライン	第3のディフェンスライン
ビジネス上の要件	**(KYC/AML)** KYCプロセスが適切に行われない場合，マネーローンダリングやテロ組織への資金供与などを企図するユーザーがサービスを利用する可能性がある。		**法務部門：** 関連法規制の要求事項が遵守されているか，法律の専門家としての観点から助言・モニタリング。	
	(コンソーシアムの管理) コンソーシアム型ブロックチェーンにおいて，ネットワーク全体に対するガバナンスの仕組みが不十分な場合は，取引ルールに反したトランザクションの発生等，システムが当初の目的どおりに機能しなくなるおそれがある。			
	(法令遵守) 予定しているサービススキームに関する関連法規や論点を把握できていない，または，法令等の要求事項を遵守できないことにより，提供サービスに対して法的制裁が科され，サービスの信頼性が損なわれるおそれがある。			

　の早い段階からこうしたリスク評価を行い，リスクの大小に応じた管理体制を構築している例も多い。

　特に，第2のディフェンスラインには，法務部門や情報セキュリティ部門等の個別分野を主管する管理系部門と，リスク管理全般を統括するリスク管理部門が含まれるが，こうした部門の機能配置にはいくつかのパターンが考えられる。例えば，各事業部門がプロダクト単位に分かれて独立して事業を行っている一方で，人数が限られた単一のリスク管理部門では各事業部門が検討している新サービスの内容を適時に把握できず，結果的に新サービスに係るリスクが顕在化してしまう，といった

ケースが見受けられる。このような状況を改善するため，各事業部門に
リスク管理担当を設置するなど，目指すべきリスク管理のあり方に応じ
て，機能配置の方向性を検討することが望ましい。

図表3－4－6　第2のディフェンスラインの配置パターン例

中央集権型	・リスクの種類ごとに，リスク管理を統括する主管部門を設置し，事業部門に対するモニタリングを集中的に行う。 ・複数の事業に対して統一的な管理を実施できる反面，個々の現場の事情について不案内となるおそれがある。
分散型	・各事業部門に配置されたリスク管理担当者が，現場担当者と密接にコミュニケーションをとりつつ，現場の実情に即したリスク管理を行う。リスク管理の主管部門は，基本的な管理方針の取りまとめ等，最小限の機能を担う。 ・事業のスピードを重視する組織に適する反面，事業部門とリスク管理部門の権限バランスが前者に偏り，現場の決定を覆すことが難しくなるおそれがある。
連邦型	・中央集権型と分散型の中間形態。各事業部門に配置されたリスク管理担当者が，別途設置した事務局を通じて他の事業部門のリスク担当者と連携し，リスク管理を行う。 ・統一的な管理と，現場の実態に即した管理を両立させることが可能。

第5節 ┃ 今後の展望

　ブロックチェーンをビジネスに適用するパターンは，ビジネスへのインパクト，サービス提供モデル，そして管理組織の3つの面から整理することができる（**図表3−5−1**）。

　ブロックチェーンの利用が広まれば，価値のトークン化によって金銭以外の価値の流通が可能となり，また，従来の取引形態では扱えなかったマイクロバリューの小口取引が可能になることで，あらゆる市場で資本の流動性が上昇し，市場参加者が増加することが想定される。また，特に物流業界など取引の流れの証明が重要な市場においては，取引の証明を前提としたシステムとしてブロックチェーンが導入され，より一層信頼性の高い取引基盤が構築されることが期待できる。

　本書で紹介したビジネスモデルの事例は，そのすべてがブロックチェーンを利用しなければ実現できないわけではない。例えば，企業横断的な決済システムはすでに存在しており，ブロックチェーンを利用しなくとも現実に有用なものとして機能している。

　しかしながら，そもそもブロックチェーンは革新的な単一技術ではなく，P2Pネットワーク，電子署名といった複数の既存技術を組み合わせたものであり，一種の技術パッケージともいえるものであることを踏まえれば，ブロックチェーン以外の実現方法が存在することはある意味当然であり，ブロックチェーンを利用しない理由にはならない。

　他の実現方法がある中で，ブロックチェーンを基盤にしてシステムを構築するがゆえのメリットとして，初期仕様が一定の技術的信頼性があるアルゴリズムによって担保されているという点が挙げられる。すなわち，ブロックチェーンを利用しない方法で高可用性・改竄耐性・ビザンチン障害耐性・追跡可能性のような機能を実現する場合には，システム

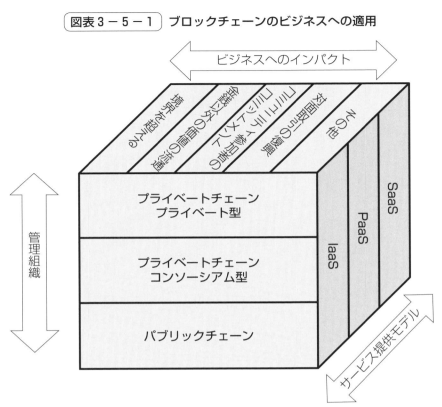

図表3－5－1　ブロックチェーンのビジネスへの適用

※クラウドサービスの提供内容に関する分類の一種。主だったものとして
　Software as a Services（SaaS），Platform as a Services（PaaS），
　Infrastructure as a Services（IaaS）が挙げられ，一例としてSaaSはネッ
　トワークを経由したアプリケーションを提供するサービス，PaaSはOS/
　DBMS/Middlewareをパッケージ化して提供するサービス，IaaSはハードウェ
　ア基盤を提供するサービスを指す。

　の信頼性にかかる個別の技術要素について，実装方法をゼロベースで検
討しなければならないが，ブロックチェーンを利用することで検討の負
荷を一定程度軽減することができる。
　ブロックチェーンの強みが信頼性を提供する機能のパッケージである

ことを踏まえると，今後はブロックチェーンをプラットフォームとして提供するようなサービスが増加すると想定される。まさしくAmazon社が提供するAmazon Web Service，Microsoft社が提供するAzureといったクラウドサービスのように，システムを個社でゼロから構築せずとも利用可能なシステム基盤としてブロックチェーンが提供されるようになれば，ブロックチェーン利用企業はシステムの設計や運用の費用を削減し，ブロックチェーンの特性を生かしたビジネスの構築に注力することができる。すなわち，ブロックチェーンの専門知識がなくとも，ブロックチェーンがビジネスにもたらす恩恵を享受できるようになる。

　ブロックチェーンがデータの信頼性や透明性を高めることに適したシステムであることを考えると，ブロックチェーンをプラットフォームとして選択する組織は，プラットフォーム上に構築するシステムに対して高い信頼性を期待することが想定される。信頼の基盤として利用されるためには，プラットフォームの提供者が利害関係にあるステークホルダーも含めて適切にコントロールやガバナンスを整備してリスク対応を行い，提供するシステム自体の信頼性を担保することが不可欠である。また，プラットフォーム提供者の立場からは，プラットフォーム利用者の信頼を獲得してより多くの利用者を確保する観点から，利用者の立場からは利用するブロックチェーンの管理が適切に行われリスクが低減されていることを確認する観点から，提供者がコントロールやガバナンスを適切に整備・運用していることを保証する枠組みが必要となる。

　プラットフォームとしてブロックチェーンが提供され，その導入が容易になったとしても，各業界・各企業が抱える課題がそれだけで解決されるわけではない。例えば，物流管理にブロックチェーンを導入し，リアルタイムに追跡可能な仕組みを構築したとしても，追跡用チップの付け替えや，追跡単位であるコンテナの中身を詰め替えるなどの不正に対処することはできない。また，契約情報をブロックチェーンで管理する

ような場合には，誤った情報が登録されてしまえばその記録が永続的に
ブロックチェーン上に存在することになるため，データ入力プロセスの
信頼性を向上させることで，ブロックチェーンに登録されたデータが確
かに信頼できるものであると証明できるような仕組みを構築する必要が
ある。すなわち，ブロックチェーンを使っても，重要なデータを入力す
る際のダブルチェックなどの統制活動は依然必要であり，システムの技
術仕様だけではなく，それを運用し周辺プロセスを適正に運用していく
ためのコントロールやそのガバナンスを利用者自身が構築していくこと
が求められる（**図表3－5－2**）。

（**図表3－5－2**）**ブロックチェーン運用時の内部統制例**

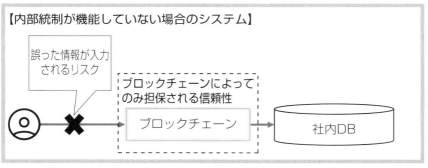

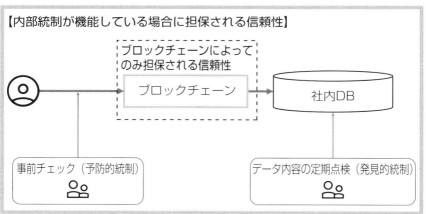

　ここまでブロックチェーンに関するコントロールやガバナンスに焦点を当ててきたが，ブロックチェーンを利用したシステム全体のコントロールやガバナンスを考える際には，ブロックチェーンのみではなく関連するステークホルダーも含めた検討が必要になる。つまり，ブロックチェーンが動作する基盤となっているインフラ層（物理サーバやOS，ハイパーバイザーなど）やブロックチェーン上で動作しているアプリケーション層も併せて検討することが必要である。例えば，SaaSとして提供されているdAppsを利用するような場合には，インフラ層，ミドルウェア層（ブロックチェーン），アプリケーション層（dApps），そして業務運用の4つの領域すべてについて，リスクアセスメントを実施し，システム全体としての信頼性を担保できるようなコントロールが整備されていることを確認しなければならない（**図表3－5－3**）。

図表3－5－3　サービスの領域と責任範囲

 サービスの領域 　　提供するサービスの責任領域

データ （利用者）	データ入力	アクセス権管理	設定値の カスタマイズ
アプリケーション層 （アプリケーションベンダー）	機能提供／アップデート／障害対応等		
ミドルウェア層 （ブロックチェーンサービス事業者）	ブロックチェーン （コンセンサスアルゴリズム／スマートコントラクト／暗合化等）		
インフラ層（クラウドサービス 事業者，データセンター）	クラウドサービス		オンプレミス （データセンター／自社管理）

　パッケージアプリケーションやクラウドサービスを利用する際に求められるコントロールやガバナンスの考え方は，監督官庁や民間組織に

よって発行されたガイドラインに記載されているが，ブロックチェーンにかかるコントロールやガバナンスについては，2020年時点でまだ十分な検討結果は出ていない。

　ブロックチェーンプラットフォームの提供者と利用者の双方において，コントロールやガバナンスの取組みが確実に履行されるように担保するには，国による法規制の整備や，業界団体によるガイドラインの策定が不可欠である。規制やガイドラインの強化は一般に新しい技術の普及を阻害する要因になるが，ブロックチェーンの管理に関する規制の整備は，システム特性として技術的に担保されている部分以外の信頼性を向上させることで，結果として，ブロックチェーンが社会インフラとして受け入れられる基盤を作ることにつながる。

　したがって，国による公的認証制度の導入や，外部監査人が署名したSOC1レポートの発行など，ブロックチェーンにかかるコントロールやガバナンスが適切に実施されていることを対外的に証明していく取組みを強化していくことが，ブロックチェーンがより一層信頼できる形で社会に浸透していくうえで重要である。

　ブロックチェーンの特性を有効活用して社会の課題を解決していくうえでは，第1章で紹介したような新しいビジネスの構築と，本章で紹介したようなコントロールやガバナンスの整備による信頼の獲得を両輪として，ブロックチェーンの活用を促進していくことが重要である。

おわりに

　近年，ブロックチェーンを基盤システムのテクノロジーに採用したビジネスケースは，暗号通貨を皮切りに多様化しており，多くの企業が本格的なサービスの検討・導入を進めている状態にある。特に，多様化の範囲は金融系サービスにとどまらず，公共サービスに関する利用履歴や本人認証の仕組み，生産物の産地を容易に追跡可能にする商流管理サービス，医療データの管理をユーザー自身で行えるようにする医療系サービスなど幅広い分野に広がっている。そして，取り上げたサービスの中には，サービスの提供に必須となるブロックチェーンを用いたシステムを自前で構築している会社もあれば，プラットフォーマーとして基盤システムのみを提供している会社，外部委託のうえシステムを利用している会社など，多様なステークホルダーが存在する。

　これら業界の活性化の背景には，ブロックチェーンテクノロジーの浸透と合わせ，規制の不確実性・法令遵守といった懸念事項に対して，関連する公官庁や業界団体による指針が少なからず整備されたことで，企業活動における課題が可視化されつつあることも影響している。

　これは，サービスやプラットフォームの信頼性，改竄耐性の向上が純粋にブロックチェーン特有の技術についてのみ担保されるのではなく，デジタライゼーションによってもたらされた新しいビジネスモデルの領域に対し，国または業界団体が求める法令・指針の遵守によって全社的なガバナンスのあり方が整備され，システムの運用も含めたそれら整備事項の運用体制を内部統制としてリスクコントロールしていくことが重要であることを示している。

　各種制度と最新技術が高度に交錯する現代の社会において，ブロックチェーンを用いた新しいビジネスを昇華させていくことは容易ではなく，新しいビジネスに対して信頼性を担保するスキームを一律に整備することは難しいかもしれない。しかしながら，容易ではないからこそ，これまで取り上げたようなガバナンスの整備・運用に関する知見を有し，第三者に対する客観的な保証提供を行う専門家との協業が，企業が信頼を変えうる一要素として必要となってくるのである。

　また，筆者は，ステークホルダーが安心してブロックチェーンを用いるためのゲートキーパーとして，各業界で巻き起こるブロックチェーンを用いたイノベーションを読者諸氏とともに推進し，社会における信頼を構築し，重要な課題を解決していきたいと考えている。

　既存のビジネスモデルやシステムの置き換えとしてのブロックチェーンではなく，新しいビジネスと社会のあり方を導き出す，デジタライゼーションツールとしてのブロックチェーンの今後のあり方に期待する。

《執筆者一覧》

鈴木　智佳子

第一金融部/フィンテック＆イノベーション室長　パートナー

国際的金融機関に対する監査業務（日本基準，US PCAOB基準），IFRSに関する会計アドバイザリー業務，暗号資産交換業者に対する監査・内部統制構築支援等のアドバイザリー業務をリードしている。
日本公認会計士協会 業種別委員会 暗号資産対応専門委員会 初代専門委員長（現　専門委員），証券業専門委員会 専門委員，ブロックチェーン研究専門委員会 オブザーバー，一般社団法人ブロックチェーン推進協会 監事，「デジタル通貨フォーラム」アドバイザーを務める。

宮村　和谷

リスク・デジタル・アシュアランス/フィンテック＆イノベーション室長　パートナー

前職にてアーキテクトとして企業クライアントの業務・データ・システム変革に関与後，2000年にPwCあらた有限責任監査法人に入社。DXやxTech，オペレーショナルエクセレンスに関するプラクティス，およびERMやガバナンス，事業継続力の強化といったビジネスレジリエンスプラクティスをリード。各種省庁におけるデジタルトランスフォーメーション施策に有識者・委員として関与。ブロックチェーンに関するプラクティスの展開を担っている。

戸川　比呂司

第一金融部　シニアマネージャー

国内外の金融機関（主に銀行・証券）および暗号資産交換業者を含むフィンテック企業に対する財務諸表監査，US SOX監査，分別管理監査業務，および会計アドバイザリー業務に従事している。
日本公認会計士協会 業種別委員会 暗号資産対応専門委員会 専門委員を務める。

今井　泰弘

品質管理本部メソドロジー＆テクノロジー部　シニアマネージャー

金融機関に対する監査を経験後，品質管理本部に所属し，監査の品質管理業務を行うとともに，新たなテクノロジーを監査に導入する支援を行っている。
日本公認会計士協会 業種別委員会 暗号資産対応専門委員会 専門委員を務める。

宮部　将孝

第一金融部　マネージャー

主に金融機関およびIT企業（フィンテック企業）に対する日本基準およびPCAOB基準に基づく財務諸表監査および内部統制監査に従事するとともに，連結決算支援やIFRS導入支援等に関するアドバイザリー業務に従事している。

須田　真由

リスク・デジタル・アシュアランス　マネージャー

製造業・情報通信業・金融業（資金決済・暗号資産）を中心とした，IT領域に係る財務諸表監査，US SOX監査，分別管理監査業務，および財務報告に係る統制の構築・評価支援，フィンテック関連アドバイザリー業務に従事。
日本公認会計士協会　監査・保証実務委員会　ブロックチェーン検討専門委員を務める。

鮫島　洋一

リスク・デジタル・アシュアランス　マネージャー

パーソナルデータ保護・利活用に関わる態勢構築・高度化支援のほか，AIやブロックチェーンを用いた情報共有と活用に付随する，権利と対価管理および監視・監査スキームの策定といった支援や検討の必要性を提唱。金融庁金融研究センター特別研究員として，デジタルトランスフォーメーションに係る論文を執筆。

遠藤　健史

リスク・デジタル・アシュアランス　マネージャー

ITシステム関連のサービスに加え，人材・組織文化に係るリスクカルチャー関連サービスを多数提供。近年では，ブロックチェーン技術を用いた新規サービスのリスク評価支援や，フィンテック企業に対する規制対応支援に多数従事している。
日本公認会計士協会　ITアシュアランス専門委員会　専門委員

和形　佳寿

第一金融部　シニアアソシエイト

主に国内外の証券会社に対する会計監査・内部統制監査（日本会計基準およびIFRS，日本監査基準／PCAOB基準）およびアドバイザリー業務に関与。暗号資産交換業者への財務諸表監査および分別管理監査にも従事。

江川　優太

リスク・デジタル・アシュアランス　アソシエイト

プライバシーデータの管理に係る評価，および利活用のための管理態勢の構築支援等のサービスを提供。近年では，ブロックチェーンを用いた情報交換スキーム，リスクモニタリングツールの検討を実施。

《編者紹介》

PwCあらた有限責任監査法人

PwCあらた有限責任監査法人は，卓越したプロフェッショナルサービスとして監査を提供することをミッションとし，世界最大級の会計事務所であるPwCの手法と実務を，わが国の市場環境に適した形で提供しています。さらに，国際財務報告基準（IFRS）の導入，財務報告にかかわる内部統制，また株式公開に関する助言など，幅広い分野でクライアントを支援しています。

PwC Japanグループ

PwC Japanグループは，日本におけるPwCグローバルネットワークのメンバーファームおよびそれらの関連会社（PwCあらた有限責任監査法人，PwC京都監査法人，PwCコンサルティング合同会社，PwCアドバイザリー合同会社，PwC税理士法人，PwC弁護士法人を含む）の総称です。各法人は独立した別法人として事業を行っています。
複雑化・多様化する企業の経営課題に対し，PwC Japanグループでは，監査およびアシュアランス，コンサルティング，ディールアドバイザリー，税務，そして法務における卓越した専門性を結集し，それらを有機的に協働させる体制を整えています。また，公認会計士，税理士，弁護士，その他専門スタッフ約9,000人を擁するプロフェッショナル・サービス・ネットワークとして，クライアントニーズにより的確に対応したサービスの提供に努めています。PwCは，社会における信頼を構築し，重要な課題を解決することをPurpose（存在意義）としています。私たちは，世界155カ国に及ぶグローバルネットワークに284,000人以上のスタッフを擁し，高品質な監査，税務，アドバイザリーサービスを提供しています。詳細はwww.pwc.comをご覧ください。

ブロックチェーンをビジネスで活用する
■新規事業の創出とガバナンス・関連制度

2021年5月10日　第1版第1刷発行

編　者　PwCあらた有限責任監査法人
発行者　山　本　　　継
発行所　㈱中央経済社
発売元　㈱中央経済グループ
　　　　パブリッシング

〒101-0051　東京都千代田区神田神保町1-31-2
電話　03 (3293) 3371（編集代表）
　　　03 (3293) 3381（営業代表）
https://www.chuokeizai.co.jp
印刷/昭和情報プロセス㈱
製本/㈲井上製本所

＊頁の「欠落」や「順序違い」などがありましたらお取り替えいたしますので発売元までご送付ください。（送料小社負担）
ISBN978-4-502-38171-3　C3034

JCOPY〈出版者著作権管理機構委託出版物〉本書を無断で複写複製（コピー）することは，著作権法上の例外を除き，禁じられています。本書をコピーされる場合は事前に出版者著作権管理機構（JCOPY）の許諾を受けてください。
JCOPY〈http://www.jcopy.or.jp　eメール：info@jcopy.or.jp〉